AF261774

NOUVEAUX DOCUMENTS

SUR LA CONQUÊTE D'ALGER

PAR LES FRANÇAIS

(*Extrait de la* Revue de l'Orient, de l'Algérie et des Colonies, *juillet-août* 1864.)

PARIS. — IMPRIMERIE DE V. GOUPY ET Cᵉ, RUE GARANCIÈRE, 5.

NOUVEAUX DOCUMENTS

SUR LA

CONQUÊTE D'ALGER

PAR LES FRANÇAIS

PAR

M. A. GAUDIN

COLONEL D'ARTILLERIE EN RETRAITE

PARIS

BENJAMIN DUPRAT

LIBRAIRE DE L'INSTITUT, DE LA BIBLIOTHÈQUE IMPÉRIALE ET DU SÉNAT,

DES SOCIÉTÉS ASIATIQUES DE PARIS, DE LONDRES, DE MADRAS,

DE CALCUTTA, DE SHANG-HAI ET DE LA SOCIÉTÉ ORIENTALE AMÉRICAINE DE NEW-HAVEN ÉTATS-UNIS),

Rue du Cloître Saint-Benoît (rue Fontanes), 7

Près le Musée de Cluny.

1864

NOUVEAUX DOCUMENTS
SUR LA CONQUÊTE D'ALGER

PAR LES FRANÇAIS

---

1. — PRÉLIMINAIRES.

Le blocus d'Alger durait depuis le mois de juin 1827 sans avoir produit d'autre effet que d'interrompre les courses des pirates, et il n'était plus douteux qu'on ne parviendrait pas à amener le dey à composition par ce moyen, qui ne coûtait pas moins de 7 millions par an. Lors de l'avénement du ministère du 10 août 1829 (de Polignac), l'envoi d'une armée expéditionnaire contre Alger était inévitable.

Dès les premiers jours d'octobre, le ministre de la marine crut devoir attirer l'attention du conseil des ministres sur cette affaire. On songea d'abord à entamer des négociations avec la Porte à ce sujet, mais on ne donna point de suites sérieuses à ce projet. L'opposition que l'Angleterre apportait sous toutes les formes à l'exécution d'une descente en Algérie, donna l'idée à M. Drovetti, consul général de France à Alexandrie, de proposer au gouvernement français de charger le pacha d'Égypte de l'expédition contre Alger. Cette singulière proposition, quoique vivement repoussée par les ministres de la marine et de la guerre (MM. d'Haussez et de Bourmont), fut pourtant accueillie avec une certaine faveur par le principal ministre; mais elle fut rejetée par Méhémet-Ali lui-même et eut l'inconvénient de faire perdre un temps précieux.

Enfin, dans le conseil du 31 janvier 1830, l'expédition

contre Alger fut définitivement résolue. Il y a lieu de penser qu'en dehors des circonstances qui avaient rendu l'expédition à peu près indispensable, le ministère y voyait encore un moyen de relever la popularité du gouvernement.

Il n'est pas de moyens diplomatiques ou autres, soit sous la forme de conseils, soit presque sous celle de menaces, dont l'Angleterre ne fit usage pour s'opposer à une descente des Français en Algérie. M. Nettement cite à ce propos l'anecdote suivante, tirée des papiers de M. d'Haussez.

Vers la fin d'avril 1830, lord Stuart ayant entamé, non comme ambassadeur d'Angleterre, mais comme homme privé, une conversation à ce sujet avec M. d'Haussez, et ce dernier lui ayant assuré que l'expédition se ferait : « Vous croyez qu'on ne s'y opposera pas? dit lord Stuart. — Sans doute. Qui l'oserait? — Qui? nous les premiers. — Milord, reprit M. d'Haussez avec une émotion qui approchait de la colère, je vous ai déjà dit que je ne pouvais et que je ne voulais pas traiter cette question diplomatiquement : vous en trouverez la preuve dans les termes que je vais employer : ..... La France se moque de vous..... elle fera dans cette circonstance ce qu'elle voudra..... vous n'irez pas au delà de la menace. Si vous voulez le faire, je vais vous en donner les moyens. Notre flotte, déjà réunie à Toulon, sera prête à mettre à la voile dans les derniers jours de mai : elle s'arrêtera, pour se rallier, aux îles Baléares, et opérera son débarquement à l'ouest d'Alger. Vous voilà informé de sa marche, vous pourrez la rencontrer, si la fantaisie vous en prend; mais vous ne le ferez pas, vous n'accepterez pas le défi que je vous porte, parce que vous n'êtes pas en état de le faire. »

Depuis ce moment, lord Stuart ne parla plus au baron d'Haussez de cette affaire.

Une des preuves les plus concluantes de la manière inopinée dont fut résolue l'expédition d'Alger, c'est qu'un assez grand nombre de bâtiments de retour de la guerre de Grèce venaient d'être désarmés, et qu'une décision prise deux mois plus tôt aurait rendu les préparatifs et plus prompts et moins dispendieux. Cette expédition était du reste très-populaire dans toute la France, et particulièrement dans les provinces méridionales. Le corps auquel était attaché l'auteur de ces notes, en faisant par étapes (il n'y avait point alors de chemin de fer) le trajet de Metz à Toulon, fut parfaitement accueilli sur toute la route. Dans les cantonnements assignés aux troupes en attendant l'embarquement, les habitants offrirent plus d'une fois des vivres et du vin sans rétribution à nos soldats.

On ne pouvait ordonner l'expédition sans prendre l'avis de la marine ; mais presque tous les anciens officiers de cette arme exagéraient les difficultés de la descente en Algérie, et, surtout, exprimaient l'opinion qu'on ne pouvait pas mettre à la voile avant la fin du mois de juin. Le mois de mai étant considéré comme le plus opportun pour le départ, cette date eût nécessité le renvoi de l'expédition à l'année suivante. Le ministre de la marine (M. d'Haussez) seul déclara, dès le premier moment, que tout serait prêt pour le 15 mai.

Ce ne fut que par des prodiges d'activité, joints à une grande force de volonté et à une résolution inébranlable, que ce ministre arriva à vaincre tous les obstacles qu'il eut à surmonter. Au nombre des principaux de ces obstacles, on doit particulièrement comprendre les difficultés bureaucratiques. D'un autre côté, la réunion, dans un délai aussi restreint, des immenses préparatifs nécessités par une si importante expédition, donna une grande idée des ressources de la marine française, de l'habileté de ses officiers et de la bonne organisation de toutes les parties de son service.

La formation de l'armée expéditionnaire, sans présenter des difficultés comparables à celles du service de la marine, ne laissait pas que d'en offrir encore d'assez grandes. Il fallut rappeler une partie des soldats renvoyés dans leurs foyers avec des congés d'un an, afin de les incorporer dans les régiments désignés pour l'embarquement. On facilita cette opération, en dirigeant les militaires rappelés sur les corps les plus voisins de leur résidence. Dans les deux régiments d'artillerie en garnison à Metz, on eut peine à trouver un nombre suffisant de chevaux de bon service pour compléter le pied de guerre de la batterie montée à fournir par chacun de ces régiments. Quoi qu'il en soit, les troupes désignées, soldats aussi bien qu'officiers, manifestèrent toutes une vive satisfaction de faire partie de l'expédition projetée.

Durant la quinzaine qui précéda l'embarquement des troupes, la ville de Toulon se trouva encombrée par une multitude d'officiers et d'employés de terre et de mer : les autorités militaires et l'administration municipale durent se concerter afin d'assurer, à tous ceux qui y étaient appelés par leur service, des logements à des prix raisonnables. Ce n'était pas sans peine non plus que ces mêmes personnes parvenaient à se procurer la nourriture nécessaire : des restaurateurs, heureux en temps ordinaire d'avoir à servir une trentaine de clients, se trouvaient en avoir tout à coup dix fois au moins autant sur les bras. Aussi ne fallait-il pas moins de deux heures pour arriver à se procurer un mauvais dîner, dont il était indispensable d'établir la carte au moment de l'arrivée, et dont le prix ne pouvait descendre au-dessous de 4 francs. Heureux encore si l'on n'était pas contraint de gagner les plats presque à la force du poignet sur un garçon improvisé et malhabile, ahuri par les cris simultanés d'une dizaine de tables ! On s'arrachait particulièrement des fraises venues des îles d'Hyères dans de petits pots de grès : elles joignaient à une fraîcheur surprenante un parfum exquis.

Le duc d'Angoulême, afin d'examiner par lui-même les préparatifs de l'expédition et de se présenter aux troupes, se rendit le 3 mai à Marseille, où il fut très-chaleureusement reçu ; ce prince se rendit le lendemain à Toulon, où il fut, au contraire, assez froidement accueilli. On exécuta devant lui un simulacre de débarquement qui s'effectua avec un remarquable ensemble. La promptitude avec laquelle les pièces d'artillerie de campagne étaient descendues sur la plage et avaient ouvert leur feu, fut une des choses qui parut le plus vivement l'impressionner. Cette opération, favorisée par un temps superbe, présenta un coup d'œil d'une magnificence tout à fait exceptionnelle. La rade couverte de plusieurs centaines de navires pavoisés dont les matelots garnissaient les vergues ; le mouvement des bâtiments et des canots qui portaient les troupes de débarquement, l'ardeur et l'animation de ces troupes ; les hauteurs qui bordent la rade couvertes par la population des communes voisines et par une foule de curieux venus de tous les points de la France et même de l'étranger, tout cela formait assurément un des plus magnifiques spectacles qu'il soit possible d'imaginer.

Le duc d'Angoulême passa ensuite en revue toutes les troupes qui se trouvaient à Toulon ; elles se montrèrent généralement peu prodigues de vivats. On remarqua, non sans quelque étonnement, que le prince n'adressa pas un seul mot à l'armée, ni verbalement, ni par écrit.

II. — PRÉPARATIFS.

Le corps expéditionnaire se composait de trente-sept mille cinq cent soixante-dix-sept hommes, tant officiers que troupes, y compris le service administratif, et de trois mille neuf cent quatre-vingt-huit chevaux. La prise d'Alger étant considérée comme le but unique de l'expédition, et par suite le siége de cette ville étant regardé comme la seule opération dont on eût à se préoccuper, on ne jugea pas à propos d'emmener plus de trois escadrons de cavalerie. Il importait d'autant plus de réduire l'effectif des chevaux, que leur nourriture ne pouvait avoir lieu qu'au moyen de fourrages envoyés de France.

Le matériel dont l'artillerie était pourvue n'avait point encore eu à subir l'épreuve de la guerre, mais les essais auxquels il avait été soumis ne permettaient pas de douter de ses avantages sur l'ancien matériel Gribeauval. Sa supériorité sur ce dernier se trouva confirmée, sous tous les rapports, particulièrement sous celui de la mobilité.

On avait emporté cent cinquante fusils de remparts, se chargeant par la culasse; leur prompt encrassement en restreignit beaucoup l'emploi.

On s'était pourvu d'un assez grand nombre de fusées à la Congrève; mais on en fit peu d'usage, l'incertitude de leur tir leur donnant peu de prise sur des troupes combattant toujours sans ordre régulier et ne se réunissant jamais en masse pour attendre l'ennemi ou pour l'attaquer.

On avait réuni un approvisionnement considérable d'outils à pionniers et autres, ainsi que de sacs à terre.

On avait embarqué les pièces de bois nécessaires pour l'établissement de huit blockhaus; ces pièces étaient numérotées et préparées de manière à pouvoir facilement remonter ces blockhaus à l'emplacement où le besoin s'en ferait sentir.

Le matériel affecté à l'administration était basé sur les besoins d'une armée établie dans un pays entièrement dépourvu de ressources. Il s'y trouvait des tentes pour quarante mille hommes, des caléfacteurs qui exigeaient peu de combustible, des fours en tôle pour faire cuire le pain, des lits en fer d'un transport facile, des baraques formées de fermes de grandes dimensions, sur lesquelles on jetait des toiles imperméables; ces baraques étaient destinées à offrir aux malades un abri commode.

On avait emporté, en outre, des télégraphes de jour et de nuit; quelques-uns furent installés après la descente de l'armée à Sidi-Ferruch; une imprimerie, une presse lithographique; enfin tout l'appareil nécessaire à l'établissement d'un aréostat, appareil dont on ne fit, du reste, aucun usage.

On dut adjoindre au corps expéditionnaire un certain nombre d'interprètes, qu'on répartit en quatre classes. Le quartier général en reçut une dizaine, on en affecta quelques-uns aux généraux commandant les troupes.

Afin d'assurer la subsistance de l'armée, le gouvernement passa un traité avec M. Seillière qui, moyennant une remise de 2 p. 100, s'engagea à pourvoir aux frais d'administration.

Cent cinq navires du convoi furent mis à la disposition de

l'administration pour le placement de son matériel et le transport d'un approvisionnement de vivres pour quarante jours à
quarante mille hommes, et de fourrages pour trente jours à
quatre mille chevaux.

Le nombre de chevaux embarqués sur chaque bâtiment
était de vingt, terme moyen : deux cents bâtiments furent
donc employés pour l'embarquement des trois mille neuf cent
quatre-vingt-huit chevaux. La nécessité de presser le foin
fut une des plus grandes difficultés qu'on eut à vaincre. On
en formait des ballots dans lesquels il était réduit soit au cin-
quième, soit au dixième de son volume. Les chevaux préfé-
raient de beaucoup le moins pressé.

On distribua à un grand nombre d'officiers de l'armée une
notice sur Alger, rédigée au dépôt de la guerre, et accom-
pagnée des plans de cette ville et de ses environs, dressés
d'après les dessins et les indications du commandant du génie Boutin. On mit aussi à leur disposition des vocabulaires
arabes et turcs.

L'armée navale comprenait onze vaisseaux à deux ponts,
vingt frégates et cinquante-sept navires de guerre de moin-
dres dimensions, dont sept à vapeur seulement. On évalue
à vingt-sept mille hommes la force des équipages de ligne
qui montaient ces quatre-vingt-huit bâtiments. Dans les
nombres ci-dessus ne se trouvent pas compris vingt-deux
bâtiments employés à la croisière devant Alger, ou envoyés
en mission dans différents ports d'Espagne et des États barbaresques. En tout cent-dix navires de guerre.

On fit construire à Toulon cinquante-cinq chalands ou bateaux plats destinés à être utilisés au moment du débarquement et pouvant contenir chacun cent soixante hommes ou
seize chevaux. Quelques-uns étaient spécialement affectés à
l'artillerie ; ceux-ci pouvaient porter deux pièces de campagne
montées sur leurs affûts, et ils étaient disposés de manière à
permettre le tir d'une de ces pièces. Ces chalands, qui n'é-
taient pas susceptibles de naviguer sur la mer, furent embarqués sur les navires de guerre.

On dut noliser, tant pour le transport des chevaux que pour les autres besoins du service, quatre cent quarante-sept bâtiments de commerce, soit français, soit génois, soit espagnols, etc. Malgré ce grand nombre de bâtiments, le prix du fret n'éprouva qu'une très-faible hausse, ce qu'on attribua généralement à l'intérêt que les peuples des bords de la Méditerranée portaient au succès de l'expédition.

Un certain nombre de navires furent aussi affrétés directement par M. Seillière, munitionnaire général.

J'ai entendu porter, mais sans données officielles, le nombre total des bâtiments de la flotte à six cent huit voiles.

III. — EMBARQUEMENT.

Le 10 mai, veille du commencement de l'embarquement des troupes, le général en chef adressa à l'armée une proclamation dans laquelle il rappelait l'insulte faite au pavillon français ; il faisait allusion à l'expédition d'Égypte ; il recommandait l'humanité aux soldats, autant par intérêt que par devoir, dans le but de se concilier les Arabes opprimés par une milice avide et cruelle ; il appuyait enfin sur la nécessité de la stricte observation de la discipline.

Le général de Bourmont avait instamment pressé l'amiral de fixer l'embarquement de la 1re division au 10 mai, celui de la 2e division au 11, et celui de la 3e au 12 ; mais M. Duperré crut devoir retarder cette opération. L'embarquement de la 1re division ne commença donc que le 11 mai. Le vent étant venu à s'élever, on fut contraint de l'interrompre momentanément, et la 3e brigade dut bivouaquer sur les glacis de Toulon pendant une nuit pluvieuse. La 2e division s'embarqua le 13 mai, par un temps affreux ; les hommes étaient tout mouillés en entrant dans les vaisseaux, toutefois leur santé n'en éprouva aucune suite fâcheuse. L'embarquement de la 3e division, fixé d'abord au 14 mai, fut renvoyé au 16 par l'amiral. En dépit de toutes ces hésitations et de ces retards successifs, les troupes ne cessèrent de montrer une bonne volonté à toute épreuve, beaucoup d'entrain et même une gaîté remarquable.

L'embarquement des chevaux, commencé en même temps que celui des troupes, s'effectua avec une activité médiocre et ne fut terminé que le 17 mai.

Pendant cette période de temps, l'embarquement du matériel, commencé depuis près de deux mois, s'achevait à Marseille et à Toulon. Cette opération, extrêmement pénible, exige les soins les plus minutieux. Le poids total des objets à embarquer pour le service du corps expéditionnaire seulement était d'environ douze mille tonneaux métriques (de mille kilogrammes l'un).

Il est nécessaire de placer et de disposer tous les objets de façon qu'ils ne soient exposés à aucune dégradation, à ce qu'ils ne puissent se confondre et que la reconnaissance en soit facile. Il faut, en même temps, que leur enlèvement puisse s'exécuter sans trop de peine et dans l'ordre le plus convenable. Les affûts et voitures sont démontés ; les grosses pièces sont mises en ordre sur les bâtiments, sur lesquels il importe aussi de placer les petites pièces renfermées dans des caisses soigneusement étiquetées et numérotées. Les affûts des quatre batteries de campagne avaient été disposés de manière à se remonter sur les bâtiments, afin de pouvoir être placés tout montés sur les chalands construits, ainsi que nous l'avons déjà fait connaître, de manière à permettre le tir des bouches à feu.

L'embarquement des chevaux offre un spectacle assez bizarre. On les enlève de terre à l'aide d'une toile qui leur passe sous le ventre ; on les transporte en l'air au-dessus du vide ménagé dans le pont du bâtiment qui doit les recevoir, et enfin on les fait descendre dans l'emplacement préparé pour servir d'écurie. Presque toujours, en se sentant ainsi soulevés, les chevaux deviennent immobiles de frayeur ; quelques-uns cependant se débattent, et alors il faut prendre beaucoup de précautions pour qu'ils ne se blessent pas au moment de leur descente dans le bâtiment. Pendant la traversée, les chevaux conservent habituellement la toile qui a servi à les embarquer ; on la dispose de manière à ce qu'elle les soutienne un peu sans les empêcher d'appuyer les pieds sur le sol, mais sans leur permettre de se coucher.

Le 18 mai, l'état-major général de l'armée navale et celui de l'armée expéditionnaire se rendirent enfin à bord du vaisseau amiral *la Provence ;* le même jour, la flottille de débarquement mit à la voile et se dirigea sur Palma pour y attendre de nouveaux ordres.

L'escadre ne quitta pas encore la rade, malgré que l'état de l'atmosphère se trouvât propice à sa sortie. « Ce fut seulement alors, dit M. Desprez, que le général en chef connut le motif pour lequel l'embarquement des troupes avait eu lieu avec si peu d'activité et la cause pour laquelle le départ de la flotte était ajourné. » On avait craint qu'accumulés dans les baies de Sidi-el-Ferruch, les bâtiments de l'armée navale ne fussent exposés à beaucoup d'avaries. Des câbles en fer avaient paru le plus sûr moyen de les garantir de ces inconvénients. Un navire, chargé de ces câbles, était parti de Portsmouth ; mais des vents contraires avaient retardé sa marche, et l'amiral jugeait indispensable d'attendre l'arrivée de ces câbles. Cette arrivée n'eut lieu que le 23 mai. « Plusieurs marins pensaient, ajoute M. Desprez, que jamais le temps n'avait été plus précieux, et qu'il y avait plus d'inconvénient à suspendre le départ de quelques jours qu'à mouiller sur la côte d'Afrique avec des câbles ordinaires. J'ai moi-même entendu exprimer cette opinion par les officiers de marine du vaisseau sur lequel j'étais embarqué. »

La flotte eût encore pu quitter la rade dans l'après-midi du 19 mai, elle fut retenue par l'absence des câbles en fer.

Du 20 au 24 mai, les vents ne permirent pas la sortie de l'escadre.

Nos troupes supportèrent cette pénible période d'inaction avec une patience remarquable et sans aucune altération dans leur santé et dans leur gaîté.

IV. — TRAVERSÉE.

Le 25 mai, le vent étant redevenu favorable et les câbles en fer étant enfin arrivés, l'amiral donna l'ordre de l'appareillage. La sortie des bâtiments de la rade commença vers une heure ; rois neures après, toute l'escadre était au large. Les nombreux assistants, rassemblés sur la plage et sur les hauteurs, heureux de contempler le curieux et imposant spectacle qu'ils avaient si longtemps attendu, saluèrent le départ de la flotte de bruyantes acclamations.

On se rallia pendant la nuit, et le 26 mai au matin toute la flotte de guerre était en ordre. *La Provence* marchait en tête de l'escadre de bataille ; à droite de cette escadre s'avançait, sur deux colonnes parallèles, l'escadre de réserve. La première section du convoi faisait voile à gauche de l'escadre de bataille.

On fit, ce jour-là, la rencontre d'une frégate turque envoyée de Constantinople à Alger sous le prétexte d'engager le dey à faire la paix. Le blocus s'opposant à ce que cette frégate pût pénétrer dans Alger, et l'envoyé de la Porte, Tahir-Pacha, ayant manifesté le désir de se rendre à Toulon, pour traiter avec le gouvernement français, la frégate française *la Duchesse de Berry* avait quitté la station d'Afrique pour accompagner la frégate turque. Tahir-Pacha accepta la proposition qui lui fut faite de se rendre à bord de l'amiral, où il passa près d'une heure. Cette visite, qui n'eut et qui ne pouvait avoir aucune importance, donna lieu, sur tous les bâtiments de la flotte, à une multitude de conjectures.

L'escadre poursuivit ensuite sa marche. La conservation de l'ensemble obligeait de régler le mouvement sur le vaisseau le moins bon marcheur, qui déployait toutes ses voiles, tandis que les autres bâtiments ne mettaient dehors que la quantité de toile nécessaire pour obtenir la même vitesse.

Le 31 mai, à la pointe du jour, on aperçut le cap Caxine, situé à l'ouest d'Alger. La brise était fraîche et soufflait de l'est-sud-est. « On pouvait espérer, dit M. Desprez, que près de la côte et surtout dans la baie occidentale de Sidi-el-Ferruch, la mer serait beaucoup plus calme qu'au large. » Telle était l'opinion de quelques marins ; mais le chef de l'armée navale croyait le vent trop fort pour qu'on pût, sans imprudence, tenter le débarquement. La flottille n'ayant point été signalée, il supposa qu'elle était rentrée dans la baie de Palma pour échapper à une tempête, et il ordonna pendant la nuit que l'on fît voile droit au nord.

Tout en reconnaissant notre entière ignorance des choses de la marine, nous ne pouvons nous empêcher de faire ici une courte observation. Lorsque nous voyons la flottille se trouver au mouillage indiqué, lorsque nous voyons plus tard (14 juin) l'amiral dire lui-même que « si on lui avait donné des rensei-« gnements plus exacts, la flotte serait depuis longtemps à « Sidi-el-Ferruch, » il nous semble inexplicable que, se trouvant à une si petite distance d'un point qu'on ne connaissait pas et qu'on avait tant d'intérêt à connaître, on n'ait pas jugé à propos de pousser du moins la marche de l'escadre jusqu'en vue de ce point important. Une marche inutile de quelques myriamètres, une perte de quelques heures pouvaient-elles être mises en balance avec la certitude de se mettre à même de diriger les mouvements ultérieurs en connaissance de cause ?

Le 1ᵉʳ juin, à six heures du matin, on était arrivé vers le milieu de la distance entre l'Algérie et l'île Majorque. A cet instant seulement, l'amiral donna connaissance au général en chef, surpris, que l'escadre allait relâcher dans la baie de Palma, rallier le reste de la flotte et attendre un vent favorable pour se rapprocher d'Alger. « M. de Bourmont, dit M. Desprez, fit quelques observations ; mais il ne crut pas devoir user des pouvoirs qui lui avaient été conférés. « Une « ordonnance royale l'autorisait à prendre le commande-« ment de l'armée navale si l'intérêt de l'État lui semblait « l'exiger ; il était porteur de cette ordonnance et d'une lettre « du ministre de la marine qui devait, dans le cas prévu,

« faire connaître à l'amiral les intentions du roi. » Le général en chef craignit que cette mesure ne blessât les marins et
ne rendît plus difficile le maintien, si nécessaire, d'une par-
faite harmonie entre les deux armées. » C'est après la révo-
lution de Juillet seulement que l'existence de ces pièces fut
connue.

La marche rétrograde de l'armée navale causa un étonnement presque général, car un assez grand nombre d'officiers
de marine ne regardaient point ce mouvement comme impé-
rieusement nécessité par l'état de la mer, la force, ou la direction du vent; l'armée expéditionnaire en éprouva une vive
contrariété et même un certain mécontentement.

La flotte arriva en bon ordre, le 2 juin, dans la baie de
Palma. L'escadre de guerre et celle de débarquement restèrent sous voile, pendant huit longues journées, à se promener
nonchalamment, de long en large, sur la paisible surface de la
mer. L'ennui que cette fâcheuse inaction faisait éprouver aux
troupes expéditionnaires était d'autant plus grand, que les
officiers de marine étaient eux-mêmes surpris de ce retard.
Les hommes embarqués sur les deux escadres regrettaient,
en outre, de n'avoir pas, comme ceux embarqués sur la flottille de commerce, la consolation de voir la terre de plus près
et de faire connaissance avec la plage espagnole et avec ses
habitants.

Notre expédition était vue avec plaisir en Espagne, et les
habitants des îles Baléares devaient particulièrement en désirer le succès. Les Français qui descendirent à Palma furent,
en conséquence, très-cordialement accueillis.

Une grande partie des bâtiments du convoi s'étaient ralliés
dans les baies de Sidi-Ferruch et y attendaient la flotte de
guerre. Le point de débarquement se trouva indiqué ainsi
avec certitude et par avance aux Algériens, qui eussent pu en
tirer parti pour apporter de grands obstacles à la descente
de nos troupes; mais ils ne surent pas, ou plutôt, comme nous
le verrons plus tard, ils ne voulurent pas en profiter. Ces
navires, rappelés à Palma par les ordres de l'amiral, com-

mencèrent à se montrer le 6 juin : quelques-uns avaient un peu souffert, mais aucun n'avait eu d'avaries graves, malgré que leur construction les rendît peu propres à résister à un coup de mer. Les bateaux à vapeur employés à la transmission des ordres et au ralliement de la flotte ne cessèrent de faire un service extrêmement pénible pendant toute la traversée.

A l'arrivée de la flotte dans les eaux de Palma, on ne prit aucun souci, dans l'armée de mer comme dans celle de terre. de donner soit aux capitaines de vaisseaux, soit aux généraux commandant et aux chefs de corps, une connaissance sommaire des motifs de l'éloignement d'Alger et du séjour de la flotte dans la baie. Dans une situation où rien n'entravait la facilité des communications, il est difficile de s'expliquer ce silence absolu des deux autorités supérieures. Un ordre du jour de quelques lignes eût épargné de grandes inquiétudes aux troupes et eût évité les mécontentements et tous les bruits fâcheux auxquels l'absence de nouvelles donna lieu.

Ce ne fut que la veille du départ, le 9 juin, que le général de Bourmont appela près de lui les trois généraux commandant les divisions et tint avec eux un conseil auquel l'amiral n'assista pas. Le général Loverdo, à son retour du conseil, exprima tout haut son mécontentement à propos de ce défaut de communication.

Le 10 juin au matin, les escadres de guerre et de débarquement, la flottille, ainsi que la première section du convoi, se dirigèrent enfin sur Alger, à la grande satisfaction des deux armées de terre et de mer. La seconde section du convoi reçut l'ordre de mettre à la voile le 12 juin ; elle portait mille neuf cents chevaux. La troisième section en portait à peu près le même nombre ; le général en chef eût bien désiré que le départ de cette section ne fût pas retardé, mais l'amiral, craignant qu'une trop grande réunion de voiles près du point de débarquement ne donnât lieu à de grands embarras et peut-être même à de graves accidents, en remit le départ au 14 juin.

On arriva le 12 juin en vue d'Alger, mais les circonstances de mer ne se trouvaient guère plus favorables que lors de la première apparition de la flotte. On fit, en conséquence, quelques préparatifs pour s'éloigner de nouveau ; heureusement, vers midi, le temps devint un peu plus favorable. Toutefois, l'amiral hésitait encore ; mais le général de Bourmont ayant pour ainsi dire pris sur lui la responsabilité, en s'appuyant seulement sur les instructions du ministre de la marine, en date du 3 avril 1830, on continua à prendre toutes les dispositions nécessaires pour le débarquement.

Le 13 juin, au lever du soleil, la flotte, alignée sur trois lignes peu distantes entre elles, se dirigea d'abord vers l'est d'Alger, puis, dans le but de passer devant la ville et les forts, en se maintenant cependant hors de portée des bouches à feu, ces trois lignes se courbèrent en un immense quart de cercle, dont l'œil pouvait facilement saisir l'ensemble. La sortie de la rade de Toulon se trouvait de beaucoup dépassée, mais ce magnifique coup d'œil n'avait pour spectateur que le personnel de la flotte et l'ennemi sur lequel elle eût dû faire une vive impression. Nos meilleures longues-vues ne nous laissèrent toutefois apercevoir qu'un bien petit nombre d'Algériens ; mais on sait à quel point le fatalisme musulman exclut la curiosité. Il n'en était pas de même de nous ; aussi tous nos yeux et toutes nos lunettes étaient dirigés sur la ville d'Alger. On apercevait, de suite, sa forme triangulaire et sa position en amphithéâtre ; mais la blancheur uniforme des maisons, leur peu d'élévation, leurs toits en terrasse faisaient de la ville une sorte de massif de pierres. Le fort de la marine se détachait seulement un peu, et l'on en distinguait sans peine les nombreuses embrasures. Dans les campagnes environnantes on apercevait aussi quelques maisons de plaisance et des jardins d'une belle apparence.

Tous les navires de guerre avaient effectué le branle-bas de combat ; toutefois, comme on n'avait d'autre intention que d'étaler, devant les Algériens, les forces de l'expédition, on se maintint à double portée de canon et l'on passa outre, sans tirer un seul coup de feu, pour se diriger sur Sidi-el-Ferruch. Le temps était superbe et le vent très-favorable. On doubla la pointe de la presqu'île, puis on jeta l'ancre dans la baie orientale.

Les Algériens n'opposèrent aucun obstacle à tous nos mouvements. Une telle absence de toute démonstration hostile parut suspecte dans le premier moment et fit même appréhender quelque embûche; mais on ne tarda pas à s'apercevoir qu'aucun préparatif n'avait été fait. L'amiral avait désigné trois vaisseaux et un pareil nombre de frégates pour contrebattre les ouvrages que l'ennemi aurait pu établir; mais on reconnut bientôt que les seules fortifications en vue consistant dans la tour du marabout de Sidi-el-Ferruch (Torre-Chica), et une batterie basse située plus à l'ouest, étaient très-mal armées, et que la plupart des canons y étaient grossièrement figurés par des pièces de bois. Quelques cavaliers isolés ou réunis par petits groupes parcouraient seulement le rivage.

La relâche que les bâtiments de commerce avaient faite dans les baies de Sidi-el-Ferruch avait cependant indiqué à l'ennemi d'une manière bien précise notre point de débarquement. Il y a lieu de penser que cette inertie était volontaire, et motivée sur un calcul du dey. Les expéditions précédentes, et particulièrement la funeste attaque tentée par Charles-Quint, avaient été toutes l'occasion d'un riche butin pour les Algériens; Hussein-Pacha ne doutait pas qu'il en serait de même de l'expédition française, et il désirait laisser débarquer nos troupes afin de s'emparer des richesses et des divers objets déposés à terre. « Pendant notre séjour à Alger, dit un auteur en position d'être bien informé [1], nous avons su que le dey, plein de confiance dans la supériorité de ses forces, avait donné l'ordre de ne s'opposer en aucune manière à notre débarquement, « assuré (selon son expression) « que pas un Français ne rapporterait en Europe la nouvelle

[1] M. Denniée, intendant général : *Précis historique et administratif de la campagne d'Alger*. Paris, 1830.

« de la destruction de l'armée. » Aurait-on jamais imaginé qu'il fût possible de pousser jusqu'à ce point l'ignorance, la stupidité et l'orgueil ?

Ce défaut de résistance fut pour la marine un amer désappointement. L'embarquement et le débarquement étaient regardés avec raison, par les marins, comme deux ennuyeuses corvées ; ils y avaient un rôle assurément laborieux et pénible, mais entièrement passif. Ils avaient espéré que, du moins au moment de la descente, ils prendraient une part active à la lutte et trouveraient moyen de payer de leurs personnes devant l'ennemi. Ils virent échapper avec peine l'occasion sur laquelle ils avaient compté.

« La mer était calme, dit le général Desprez, toutes les manœuvres s'exécutaient avec une extrême facilité ; l'amiral en parut frappé : « Si l'on m'avait donné, dit-il alors, *des ren-* « *seignements plus exacts*, il y a quinze jours que nous se- « rions ici : la flotte sera aussi en sûreté dans cette baie que « dans la rade de Toulon. Elle y restera jusqu'à la fin de « l'expédition. » Elle y demeura effectivement malgré les tempêtes des 16 et 27 juin.

V. — DÉBARQUEMENT.

L'escadre avait à peine jeté l'ancre, qu'on fit le signal de venir prendre l'ordre à bord de l'amiral. N'ayant plus à combattre une résistance sérieuse de la part de l'ennemi, il devenait indispensable d'apporter à l'ordre de débarquement, donné au départ, les changements nécessaires pour opérer surtout avec promptitude. Toutefois, les officiers de marine se plaignirent qu'au lieu de modifier seulement l'ordre primitif, qui n'avait pas moins de quatorze pages, on n'en eût tenu aucun compte, mais qu'on en eût établi un entièrement nouveau dans toutes ses dispositions, qu'ils n'avaient plus le loisir d'étudier suffisamment du soir au matin.

Pendant ces préparatifs, nos longues-vues étaient constamment dirigées vers la presqu'île, sur les côtes de laquelle nous étions fort étonnés de n'apercevoir qu'un très-petit nombre d'ennemis. Une des choses qui nous intriguaient particulièrement, c'était un certain nombre de haies d'aloès qui se trouvaient dans l'intérieur de la presqu'île : nous prenions les hautes tiges qui portent des fleurs pour des lances, et il nous semblait bizarre de voir des cavaliers qui paraissaient comme fixés à leur place.

Vers la fin de la journée, deux pièces de canon et un mortier placés derrière une sorte de petit retranchement établi en dehors de la presqu'île tirèrent quelques coups mal dirigés vers la flotte. Un bateau à vapeur s'approcha de la côte pour riposter. Un marin du *Breslaw*, blessé par un éclat de bombe, fut l'unique résultat de cette insignifiante démonstration. Le feu cessa bientôt de part et d'autre, et la nuit se passa tranquillement.

Le 14 juin, à la petite pointe du jour, les hommes avaient reçu plusieurs paquets de cartouches et des vivres pour cinq jours ; tous les autres préparatifs étaient achevés ; l'armée entière se réjouissait de voir enfin arriver l'heure du débarquement. Les cris de : « Vive le roi! » éclataient de toutes parts. La division du général Berthezène se précipita avec ardeur dans les embarcations et dans les chalands destinés à la recevoir. Toutes ces embarcations se dirigèrent avec promptitude, mais aussi avec une notable confusion, vers la terre. On atteignit le rivage sur les quatre heures du matin, sans que les troupes algériennes y apportassent aucun obstacle ; car il est impossible de regarder comme une opposition réelle deux ou trois coups de canon dirigés au hasard et quelques centaines de coups de fusils tirés de très-loin. Nos régiments se formèrent rapidement sur la plage, et quelques pièces de campagne furent en même temps mises à terre. A mesure que les troupes se formaient, elles se portaient en avant. On ne tarda pas à reconnaître qu'une batterie basse établie vis-à-vis le point de débarquement, ainsi que les bâtiments de la tour fortifiée, situés à gauche de ce point, avaient été abandonnés ; on les occupa sans coup férir.

Trois batteries, que les Algériens avaient élevées en dehors de la presqu'île, commencèrent alors à tirer sur nos troupes. La première division seule (10,000 hommes environ) se trouvait déposée sur la plage ; on n'en crut pas moins devoir marcher contre l'ennemi. La mobilité de notre artillerie de campagne permit à nos canonniers, obligés de traîner leurs pièces à bras, de les faire arriver promptement dans une position convenable. D'un autre côté, trois de nos bâtiments étaient venus se placer dans la baie orientale, afin de prendre à revers les batteries algériennes. Les canonniers turcs, pris entre deux feux, ne tardèrent pas à abandonner leurs pièces, et la fuite des troupes qui les soutenaient fut si rapide qu'on ne put songer à faire un seul prisonnier.

L'ennemi nous abandonna treize pièces de canon et deux mortiers, tant dans les ouvrages de la presqu'île que dans les batteries au dehors. L'artillerie algérienne, de faible calibre, mais mal construite et mal établie, manquait de la mobilité nécessaire pour suivre les troupes. L'affaire était décidée avant dix heures du matin, sans qu'un seul cheval eût été mis à terre. Notre perte s'éleva à trente hommes mis hors de combat, atteints la plupart par les boulets des trois batteries algériennes. Un chiffre aussi peu élevé n'est-il pas une preuve sans réplique du défaut de résistance de l'ennemi ?

Les chalands et les embarcations avaient à peine déposé à terre les hommes de la première division, que les marins qui les manœuvraient retournaient en toute hâte vers la flotte pour venir chercher les troupes de la deuxième division. Le débarquement de ces troupes ne présenta ni plus de difficulté ni plus de danger que n'en avait offert le simulacre fait à Toulon en présence du duc d'Angoulême. Cette deuxième division, dans laquelle se trouvait l'auteur de ces notes, descendit à terre pendant l'action rapportée plus haut et ne put y prendre aucune part. A plus forte raison en fut-il de même de la troisième division.

La marine déploya une si étonnante activité dans les manœuvres du débarquement, qu'à deux heures après midi les trois divisions d'infanterie, une grande partie des sapeurs du génie, toute l'artillerie de campagne, presque tous les canonniers des batteries non montées, plus enfin soixante-quatre chevaux avaient été déposés dans la presqu'île. La plupart des marins n'avaient pas pris le temps de manger.

Dans les troupes que nous avions eu à combattre, les cavaliers étaient plus nombreux que les fantassins, mais ils étaient mal armés et médiocrement montés ; ils avaient fait preuve d'une faible ténacité et s'étaient montrés peu redoutables. « Cette affaire, dit le général Desprez, mettant hors de doute « la grande supériorité de nos troupes, les avait remplies de « confiance. Dès lors, le succès de l'expédition parut as= « suré. »

La seule crainte qui occupât encore les esprits était celle de voir la flotte, par suite des vents violents ou défavorables, contrainte à quitter le mouillage avant d'avoir eu le temps de déposer à terre une suffisante quantité de munitions et de vivres. On savait, en effet, que c'était le principal obstacle qui avait fait échouer les expéditions précédentes.

Un des motifs qui avaient particulièrement engagé à choisir la presqu'île de Sidi-el-Ferruch pour le débarquement des troupes, était l'avantage qu'offrait cet emplacement de pouvoir devenir une sorte de place de dépôt en le fermant à la gorge par une ligne de retranchements ; disposition qui rendit, en effet, de grands services par la suite. L'ennemi était à peine écarté qu'on s'occupa d'établir le tracé de ces retranchements : leur longueur totale fut évaluée à mille mètres environ.

La sécurité était si grande, que plusieurs des marchands venus dans des bâtiments de commerce à la suite de la flotte, descendirent sur la plage dans la journée, et que, dès le soir du 14 juin, un certain nombre de cantines étaient établies.

Durant la nuit du 14 au 15 juin, l'ardeur et l'inexpérience des troupes donnèrent lieu à une fausse alerte, dans laquelle des régiments de la première division tirèrent les uns contre les autres, malgré tous les efforts de leurs chefs. Quelques hommes furent malheureusement victimes de cette fâcheuse méprise. Les cris stridents des chacals pris pour des signaux de l'ennemi donnèrent lieu, pendant les premières nuits, à de fréquentes prises d'armes.

VI. — ÉTABLISSEMENT DANS LA PRESQU'ILE DE SIDI-EL-FERRUCH.

Trois objets essentiels occupèrent la journée du 15 juin. On rectifia et l'on assura la position des troupes, mais sans se porter en avant. Les deux premières divisions formaient le front de bandière ; la troisième division resta comme réserve pour la garde du camp.

On pressa la construction de la ligne de retranchements établie pour la fermeture de la presqu'île. Il est facile de comprendre l'importance qu'y attachait le général en chef ; deux mille hommes y furent employés nuit et jour jusqu'à leur entier achèvement. On rendit ces retranchements inexpugnables aux troupes algériennes qui n'étaient pas en mesure de soutenir leurs attaques par de l'artillerie.

Enfin on poursuivit sans relâche le débarquement du matériel, des munitions, des vivres, etc. A la fin de cette seconde journée, on avait mis à terre toutes les voitures de l'artillerie de campagne, quelques pièces de siége, deux cents chevaux, de nombreux outils, des fours en tôle pour la fabrication du pain, des tentes et une portion de l'approvisionnement des vivres qui se trouvaient sur les bateaux-bœufs.

Le manque d'eau était un des obstacles qu'on avait surtout craint de rencontrer ; mais on parvint à s'en procurer assez facilement, en creusant à la hâte quelques puits peu profonds, dont l'eau se trouva suffisamment bonne, même dans le voisinage de la mer.

Dans la soirée, l'amiral vint trouver le général en chef, et ils parcoururent ensemble la presqu'île et les retranchements. M. Duperré offrit de mettre à terre trois mille marins commandés par le capitaine de vaisseau Hugon pour garder ces retranchements lorsque l'armée devrait marcher en avant.

Le général de Bourmont s'empressa d'accepter cette offre, et afin d'avoir plus de troupes disponibles et aussi dans le but d'augmenter encore la liaison et la bonne harmonie entre les armées de terre et de mer.

Le 16 juin, au lever du soleil, le temps était calme, et l'on reprit le débarquement. Mais de grosses gouttes de pluie tombèrent bientôt, puis il s'éleva un fort-vent d'ouest. Un violent orage éclata et les coups du tonnerre ne tardèrent pas à se succéder presque sans interruption. La mer fortement agitée déferlait avec vigueur sur le rivage. Toute communication entre la flotte et la terre était devenue impossible. Le vent poussait les bâtiments contre le rivage et les lames leur imprimaient de très-fortes secousses. Des bricks et des frégates chassèrent sur leurs ancres ; quelques-uns tirèrent même le canon de détresse afin d'appeler les bateaux à vapeur à leur aide. Les officiers de marine descendus à terre pour le service du débarquement ne pouvaient dissimuler entièrement leurs craintes et étaient visiblement inquiets. Tout le monde se taisait, car personne ne voulait exprimer tout haut ses appréhensions ; mais il était aisé de voir qu'une grande anxiété préoccupait l'armée. On avait à peine pour quinze jours de vivres et une faible partie seulement des cartouches avait été débarquée. Cette journée fut, sans contredit, la plus périlleuse de la campagne, ou plutôt la seule où le sort de l'expédition ait été un moment douteux. Dans une lettre adressée au général en chef, le 17 juin, M. Duperré annonçait « que « si l'orage avait duré deux heures de plus, c'en était fait de « la flotte. »

Parmi les approvisionnements que contenaient les bateaux-bœufs, il y en avait une certaine quantité renfermés dans de doubles enveloppes imperméables et destinés à être lancés à la mer en cas de tempête. Au plus fort de l'orage, l'amiral fit jeter à l'eau une partie de ces objets. Un assez grand nombre d'entre eux arrivèrent à la côte et furent soigneusement recueillis ; beaucoup se trouvaient avariés, et ce moyen eût été fort insuffisant pour l'alimentation de l'armée.

La pluie tomba avec abondance pendant trois heures ; puis le vent changea peu à peu de direction en tournant vers le nord et passa assez promptement à l'est. De ce moment, la flotte se trouvait abritée par la terre, et tout danger avait disparu. Vers la fin du jour, la communication avec le rivage était rétablie, quoique un peu gênée par la mer restée houleuse.

L'armée était établie sur un terrain couvert de taillis peu élevés sous lesquels s'abritait un nombreux gibier qui y pullulait en paix de temps immémorial. Pendant les premiers jours de notre installation, il arrivait de temps à autre à un lièvre craintif ou à un infortuné lapin de se lever tout à coup au milieu de l'espace occupé par un régiment ; à sa vue, les soldats mettaient le sabre à la main pour courir sus. Le pauvre animal, effrayé par les cris et ahuri par une poursuite venant de toutes parts, finissait très-souvent par être atteint. Les premières fois, les corps voisins croyant à une alerte, sautaient sur leurs armes ; mais on apprit bientôt à reconnaître ce qui se passait, et l'on ne s'en inquiéta plus.

Pour l'installation des troupes, il était nécessaire d'enlever les broussailles sur le terrain à occuper ; on en avait profité pour élever à la hâte de nombreuses baraques ; malheureusement, elles étaient encore trop imparfaites pour abriter convenablement nos soldats, qui furent trempés par la pluie. On craignit même, un moment, que l'humidité n'eût détérioré les munitions ; mais on ne tarda pas à reconnaître qu'il n'en était rien. Nos hommes, rendus prévoyants et adroits par l'intérêt de leur sûreté, avaient préservé avec soin leurs armes et leurs cartouches.

Le 17 juin, au matin, l'ennemi sembla se disposer à venir nous attaquer et s'approcha de nous en plus grand nombre que les jours précédents ; toutefois, il recula assez promptement devant quelques coups d'obus et ne se montra plus en masse de la journée. On n'en échangea pas moins, de temps à autre, quelques coups de fusil. Les Arabes se glissaient, ventre à terre, dans les parties boisées, pour venir tirer sur les factionnaires avancés ; ils profitaient surtout de la nécessité où l'on se trouvait, malgré les puits creusés, d'aller faire boire un certain nombre de chevaux à un petit ruisseau situé en avant de nos troupes, et dont une seule rive était en notre pouvoir, pour atteindre ainsi quelques hommes à l'improviste. Afin de remédier à cet inconvénient, on fit couper les broussailles, dans lesquelles s'embusquaient les tirailleurs ennemis, jusqu'à deux cents mètres du point où les chevaux allaient s'abreuver.

Nos généraux demeuraient presque constamment au milieu des troupes, examinaient les travaux, encourageaient les travailleurs, exhortaient nos soldats à supporter avec patience leurs fatigues et leurs privations. On remarquait particulièrement l'activité des généraux de La Hitte, Achard, Monck-d'User, Damrémont. Ce n'était pas d'abord sans quelque difficulté qu'on obtenait des troupes le travail nécessaire pour la construction du retranchement de la gorge de la presqu'île ; le duc des Cars fit mettre à l'ordre du jour : « Que si les travaux n'avançaient pas plus vite, les troupes « de la 3ᵉ division seraient privées, pendant quelques jours, « de l'honneur de repousser l'ennemi. » Les travaux marchèrent dès lors d'une manière convenable.

Le débarquement se continua le 17, sans obstacle ; toutefois la tempête de la veille engagea l'amiral à presser le déchargement des bateaux-bœufs, qui contenaient les munitions et les vivres. La marine couvrait, à la hâte, la plage d'objets de toute nature ; le service de terre prenait, un peu au hasard, parmi ces objets, selon les besoins les plus pressants du moment. La confusion inévitable d'une semblable opération ne laissa pas que d'être sensiblement augmentée par le peu d'accord qui existait entre le général en chef et l'amiral ; aussi cette confusion fut-elle très-grande.

La sourde désunion des chefs n'empêcha point les officiers de l'armée navale et ceux de l'armée de terre d'être constamment en excellentes relations les uns avec les autres. Les premiers poussèrent même l'obligeance jusqu'à fournir gratuitement du pain, pendant quelques jours, aux officiers du corps expéditionnaire qui avaient fait la traversée sur leurs bâtiments.

Les bâtiments de la deuxième section du convoi arrivèrent dans les eaux de Sidi-el-Ferruch, pendant la journée du 17 juin.

L'armée commençait à s'organiser peu à peu dans la presqu'île. Tous les services rivalisaient de zèle : l'artillerie, le génie, l'administration se prêtaient un concours mutuel et empressé. On avait dressé plusieurs grandes baraques, recouvertes en toile cirée, pour servir d'abri aux malades. La fabrication du pain, qui avait commencé dès le 16, prenait une certaine extension. Les officiers reçurent des tentes.

Les transports effectués par les Algériens, s'exécutant au moyen de chevaux, d'ânes ou de chameaux, il n'existait aucune route propre aux voitures; on s'occupa activement d'établir dans la presqu'île une route carrossable, qu'on eut soin de prolonger jusqu'à nos postes avancés.

Un Arabe dont la raison, à vrai ou à faux, semblait égarée, vint se jeter dans nos avant-postes. On ne put en tirer aucun renseignement ; mais on le renvoya, muni de plusieurs proclamations imprimées en France. On y assurait les Arabes que nous étions venus pour punir le dey d'Alger et pour les délivrer de l'oppression des Turcs ; que nous n'en voulions ni à eux, ni à leurs femmes ; que nos troupes observeraient la plus exacte discipline, etc.

Les bâtiments de la Tour (*Torre-Chica*), qui présentaient une sorte d'abri, avaient été occupés, dès le premier jour, par le quartier général. Dans l'intérieur du marabout se trouvait une pièce qui contenait le tombeau de Sidi-el-Ferruch. Le général de Bourmont fit respecter soigneusement cette pièce et tous les objets que les Algériens y avaient déposés. Ces bâtiments étaient situés sur une petite colline ayant vingt-huit mètres d'élévation au-dessus de la mer, ce qui permettait à la vue de s'étendre à une assez grande distance. Dès notre arrivée, on avait aperçu un certain nombre de tentes dressées sur un plateau situé à six kilomètres environ de la presqu'île, et, chaque jour, on avait vu s'accroître le nombre de ces tentes ; le 17 et le 18, on vit même des Arabes et des Turcs travaillant, en avant de ces tentes, à la construction et à l'armement de plusieurs batteries avec épaulement.

La journée du 18 juin fut assez paisible, et les Arabes tiraillèrent un peu moins que les jours précédents.

Pendant la soirée, quelques Arabes se présentèrent aux avant-postes de la brigade commandée par le général Monck-d'User. Mis en rapport avec nos interprètes, ils annoncèrent que les principaux contingents de la régence se trouvaient en présence de l'armée française ; que les beys de Constantine et de Tittery conduisaient les troupes levées dans leurs provinces ; que le bey d'Oran, déjà fort avancé en âge, n'avait point quitté sa résidence ordinaire ; enfin, que l'aga, époux d'une des filles du dey, avait le commandement de toutes les forces que son beau-père avait rassemblées. Ces Arabes paraissaient croire que nous serions attaqués le lendemain. Cet avis fut communiqué au général en chef et transmis par lui aux commandants des divisions.

On a déjà fait connaître l'arrivée en rade de la deuxième section du convoi. Dans la journée du 18, on commença à mettre à terre les chevaux de l'artillerie de campagne et une partie de ceux de l'administration, qui se trouvaient embarqués sur les bâtiments de cette section.

VII. — BATAILLE DE STAOUELI.

La nuit se passa tranquillement. Le 19 juin, à trois heures et demie du matin, l'armée algérienne tout entière se mit en mouvement et commença l'attaque contre nos troupes ; les Turcs et les Arabes, confiants dans leur nombre et leur courage, se regardaient comme assurés du succès. Suivant la manœuvre familière à des troupes combattant par masses confuses, les principaux efforts de l'attaque se portèrent vers les ailes dans le but de tourner notre ligne, de pénétrer sur nos derrières et de nous séparer de nos vaisseaux.

De nombreux fantassins arabes dirigés par des cavaliers turcs se ruèrent sur notre droite. Le 48ᵉ régiment de la brigade Monck-d'Uzer fortement engagé ne faiblit pas un moment. Ces multitudes braves, mais désordonnées, ne purent franchir les retranchements de nos avant-postes : plusieurs ennemis vinrent se faire tuer à coups de baïonnettes sur les parapets de ces ouvrages. Le feu des obusiers de montagne décida leur fuite, qui fut encore accélérée par quelques coups de canon tirés par un bateau à vapeur qui s'était approché du rivage. Les Arabes vivement poursuivis laissèrent beaucoup de morts sur les bords du petit ruisseau qui se trouvait vis-à-vis de notre front. Nos soldats ne faisaient pas de quartier ; la vue de plusieurs de leurs camarades tués par l'ennemi et dont les corps étaient horriblement mutilés avait porté au dernier degré leur exaspération. Le dey donnait 18 francs (cinq piastres algériennes) pour chaque tête de Français : cette prime avait paru suffisante pour que tous ceux d'entre nous atteints par l'ennemi, morts ou prisonniers, fussent décapités.

L'attaque contre notre gauche fut poussée avec encore plus d'énergie que celle contre la droite : quatre mille hommes de la milice turque conduisaient et renforçaient les assaillants. Un bataillon du 28ᵉ, porté beaucoup trop en avant, se trouva bientôt enveloppé par un grand nombre de cavaliers et de fantassins au travers desquels il dut commencer un mouvement de retraite vers les troupes en arrière. Il y eut un moment de désordre : toutefois le colonel Mounier parvint à rallier une partie du bataillon autour du drapeau. Quelques compagnies du 29ᵉ, voyant le danger que courait le 28ᵉ, s'avancèrent à son secours. Deux pièces de canon commandées par le lieutenant Delamare renversèrent un grand nombre d'assaillants par un tir à mitraille bien dirigé. Enfin, on fut aussi aidé de ce côté par le tir de deux vaisseaux placés dans la baie orientale. Le bataillon ainsi secouru parvint à se reformer. On put, dès lors, reprendre l'offensive sur ce point comme sur tout le reste de la ligne. Dans cette chaude affaire, le 28ᵉ eut quatre-vingts hommes hors de combat. Ce n'était pas peu de chose pour des troupes recevant pour la première fois le baptême du feu.

Il était plus de sept heures et le général en chef, qui avait prescrit de ne pas se porter en avant et qui n'avait pas apprécié à sa juste valeur l'importance de l'affaire, ne s'était pas encore rendu sur le champ de bataille. Les divisions ne recevant pas d'ordre ne pouvaient agir de concert. Quelques corps avaient dû se mouvoir sous l'inspiration de leurs chefs. Le général de La Hitte, voyant qu'on perdait l'occasion de culbuter l'ennemi, crut même devoir prendre sur lui de faire porter en avant quelques régiments de la droite.

Ce n'était pas sans beaucoup de peine que les chefs parvenaient à contenir l'ardeur des troupes. Le général Berthezène se trouva, pour ainsi dire, contraint de faire avancer sa division, afin de s'emparer de deux batteries ennemies au moment où elles commençaient à tirer. Ne se voyant pas suivi, il dut arrêter son mouvement offensif.

L'armée algérienne déjà battue n'était pas encore dispersée lorsque le général en chef vint se mettre à la tête des troupes. En examinant la position de l'armée, il dit d'abord qu'il regrettait qu'on se fût autant avancé, que le matériel, et les chevaux surtout, n'étant pas encore débarqués, un mouvement en avant n'était pas possible : que devant les Arabes, il était très-important de ne pas paraître rétrograder et qu'il fallait, en conséquence, garder les positions prises. Le général Berthezène représenta alors au général de Bourmont : qu'on ne pouvait plus reculer, qu'il était indispensable de profiter de l'ardeur des troupes, de poursuivre le succès déjà obtenu et de s'emparer du camp qu'on avait en vue.

Déterminé par ces raisons, le commandant en chef s'occupa immédiatement des dispositions à prendre pour l'attaque du camp. L'ordre fut envoyé au général Loverdo d'accélérer la marche de ses brigades restées en arrière d'après les prescriptions primitives. Le général Monck-d'Uzer dirigea ses obusiers de montagne sur la brigade Damrémont, plus avancée et mieux placée pour en faire usage. Ce ne fut qu'à force de travail et d'adresse que les canonniers parvinrent à leur faire franchir à bras le ravin qui se trouvait devant eux [1].

Le général d'Arcine, ainsi que la partie de la 3e division qui se trouvait hors de la presqu'île, reçurent l'ordre de se porter en avant, afin d'observer la droite, vers laquelle l'ennemi s'était montré en force.

A neuf heures, l'ordre d'attaquer fut donné à la fois sur tous les points de la ligne ; nos bataillons marchèrent en masse l'arme au bras. L'artillerie, malgré d'assez grandes difficultés de terrain, suivit, et devança même sur quelques points, le mouvement de l'infanterie. Nos obus incommodaient beaucoup les Algériens et surtout leur causaient une grande frayeur. L'ennemi, loin d'oser nous attendre, traversa en toute hâte son camp sans même songer à le défendre. Nos soldats animés par la vue des tentes franchirent au pas de course l'espace qui les en séparait. Les troupes françaises ne s'arrêtèrent qu'à environ deux kilomètres du camp sur un assez vaste plateau où elles s'établirent.

La fatigue de nos soldats et surtout le manque absolu de cavalerie ne permirent pas de songer à poursuivre les fuyards. Le combat commencé à quatre heures du matin était terminé à midi. La nature sablonneuse du terrain rendait la chaleur étouffante, quoique le thermomètre ne marquât que 25 degrés Réaumur.

L'effroi de l'armée algérienne était si grand que non-seulement elle n'essaya pas de défendre son camp, mais encore qu'elle ne prit pas le temps d'emporter, ni même de détruire, les approvisionnements qu'elle y avait accumulés. La conster-

---

[1] Ces circonstances expliquent suffisamment le retard dans le mouvement de la droite dont se plaignent à tort MM. Desprez et Nettement. En outre, l'idée exprimée par ces deux auteurs d'envelopper les Algériens et de les acculer à la mer est inadmissible, en raison de leur grande mobilité, et surtout sans un seul cavalier de notre côté.

nation fut d'autant plus profonde après le désastre, que la confiance dans le succès avait été plus entière avant l'attaque. Rien ne peut mieux le prouver que les sommes d'argent assez considérables que l'on trouva abandonnées dans les tentes de quelques-uns des chefs.

La bataille de Staouëli nous coûta cinquante-sept hommes tués et quatre cent soixante-treize blessés dont dix canonniers. On s'empara de neuf canons et de plusieurs drapeaux. Le nombre des Algériens mis hors de combat est estimé à cinq mille environ.

L'armée ennemie est évaluée de quarante à cinquante mille hommes par les consuls étrangers et par la plupart des auteurs qui ont traité de la prise d'Alger; le général Desprez ne la porte qu'à vingt-cinq mille : le chiffre de quarante mille a été le plus généralement adopté.

Malgré tous les efforts faits par les Arabes pour emporter leurs morts, il en resta encore environ cinq cents sur le champ de bataille. Des armes superbes et de riches habits trouvés sur plusieurs d'entre eux, fournirent la preuve que les Algériens avaient perdu plusieurs de leurs chefs.

Cette action fut très-glorieuse pour nos troupes, et plusieurs traits de courage remarquables se produisirent sur le champ de bataille. Un certain nombre de soldats blessés n'en continuèrent par moins de prendre part au combat. L'un d'eux, qui avait reçu deux blessures graves, ne voulut quitter le champ de bataille qu'à la condition qu'on le traiterait à Sidi-el-Ferruch et qu'on ne le renverrait pas en France.

Un jeune Corse, qui avait fait la traversée avec nous, mais qu'on n'avait pas voulu accepter comme soldat, parce qu'il ne remplissait pas les conditions réglementaires (en Afrique, n'aurait-il pas été possible de passer un peu par-dessus ces conditions?) allait seul tous les jours tirer aux avant-postes. Il fut un des premiers qui entrèrent dans l'une des batteries algériennes. Il continua à guerroyer ainsi pour son compte jusqu'à la fin de l'expédition. — Le père de ce jeune homme pris par les Barbaresques était mort dans les fers, et son fils avait suivi l'armée pour le venger, en immolant à sa mémoire tous les pirates qui tomberaient sous sa main. Si le trait est essentiellement corse, il est aussi tout à fait digne d'admiration.

Le camp algérien se composait de deux cent soixante-dix tentes, exclusivement réservées aux Turcs et aux chefs de tribus : les soldats arabes étant accoutumés à bivouaquer. Quelques-unes de ces tentes étaient très-remarquables. La tente de l'aga avait quatorze mètres de longueur sur six mètres de largeur : tout l'intérieur était revêtu d'étoffe de laine. Les ornements étaient composés de bandes de diverses couleurs disposées suivant des dessins qui n'étaient pas sans élégance ; le sol était couvert de riches tapis ; des rideaux divisaient l'espace intérieur en plusieurs pièces. La tente du bey de Constantine ne le cédait en rien à celle de l'ga.

La prise du camp fit tomber en notre pouvoir plusieurs troupeaux de bœufs et de moutons, dont on profita pour distribuer de temps à autre de la viande fraîche à nos troupes qui n'en avaient pas reçu depuis le départ de Toulon. On ramassa aussi une centaine de chameaux.

On s'empara, en outre, d'une certaine quantité de poudre de quaité très-médiocre et d'un approvisionnement assez considérable de plomb en balles.

Les provisions abandonnées consistaient principalement en pain noir et sans consistance, en beurre rance, en miel d'un goût sauvage, toutes choses fort peu prisées par nos soldats. On trouva encore une certaine quantité d'orge de bonne qualité et une foule de menus objets.

On peut plutôt imaginer que décrire la vive allégresse de nos troupes à l'aspect de tous ces objets, pour la plupart nouveaux pour elles : mais la vue des chameaux fut sans contredit ce qui les frappa le plus. Les pipes à long tuyau de bois, qui se trouvaient en grande quantité, furent aussi pour nos hommes un grand sujet d'amusement.

Des sentinelles furent placées partout pour empêcher le pillage, et la plus grande partie du butin fut conservée. Les tentes, à l'exception de celles des chefs, furent partagées entre les deux premières divisions.

Le camp occupait **un vaste** plateau sur lequel il existait, au moment où **nous nous** en emparâmes, des sources assez abondantes qui un mois après étaient taries en grande partie. On trouvait aussi sur ce plateau quelques maisons en ruines et des traces de culture. Cinq ou six palmiers élevaient majestueusement leurs têtes au-dessus d'un certain nombre de figuiers d'une grande beauté et de quelques autres arbres fruitiers : mais le défaut de soins avait laissé envahir presque tout le terrain par le parasite palmier nain.

Si les chameaux avaient produit un grand effet par leur aspect, on ne sut ni les nourrir ni les utiliser : ils moururent tous de mauvais traitements et de faim en poussant des cris déchirants, et ils firent, pendant quatre ou cinq jours, le tourment de ceux qui voulurent essayer d'en tirer parti.

Une victoire aussi importante et aussi complète que celle de Staouëli, dans laquelle le général en chef n'avait eu qu'à régulariser les mouvements des corps et à tirer parti de l'ardeur des troupes, démontrait sans réplique que la valeur française, aidée de la tactique européenne, devait inévitablement l'emporter sur la fougue irrégulière des milices africaines. La quantité de vivres alors débarquée était déjà suffisante pour n'avoir plus à redouter l'éloignement momentané de la flotte pendant quelques jours de mauvais temps. La prise d'Alger pouvait donc, dès ce moment, être regardée comme à peu près assurée : il ne s'agissait plus que d'une perte plus ou moins grande en hommes, que d'un temps plus ou moins long, que d'une dépense plus ou moins élevée, pour obtenir un résultat prévu d'avance.

A la suite de la bataille de Staouëli, le général de Bourmont adressa un ordre du jour de félicitation à l'armée, et ainsi qu'il l'annonçait demanda de l'avancement et quelques décorations pour ceux des militaires qui s'étaient signalés, soit au moment du débarquement, soit dans cette dernière affaire. Ministre de la guerre et commandant en chef, cet officier général était assurément en droit de supposer, d'après l'importance des résultats obtenus, que les propositions faites seraient immédiatement adoptées. La publication des récompenses accordées était, en outre, le meilleur moyen de faire valoir une expédition à laquelle le gouvernement attachait une grande importance. Il est impossible de se rendre compte des motifs qui empêchèrent de donner aucune suite aux justes demandes du général en chef.

Plusieurs personnes, particulièrement dans les journaux, ont blâmé le général de n'avoir pas profité de l'épouvante de l'ennemi pour le poursuivre jusque sous les murs d'Alger et pour entrer dans la ville en même temps que les fuyards. Personne dans l'armée n'eut l'idée d'un pareil mouvement : on ne pouvait oublier, *sur les lieux*, qu'on se battait depuis trois heures du matin, que pour atteindre Alger il restait encore à faire plusieurs myriamètres, par une chaleur accablante, dans un pays difficile et complétement inconnu ; enfin que l'ennemi possédait une nombreuse cavalerie, tandis que nous n'avions pas encore un seul cavalier monté à notre disposition. Le général Desprez démontre facilement l'absurdité de marcher en avant, sans moyens de subsistance, sans une seule pièce d'artillerie de siége et sans être aucunement en mesure d'assurer les communications. Une des meilleures preuves de la vérité de cette assertion, c'est que ce ne fut même pas sans quelques difficultés que l'on parvint à régulariser les distributions dans le camp de Staouë

A la suite du désastre de Staouëli, les Arabes et les Kabyles gagnèrent les montagnes, tandis que les Maures et les Turcs allaient porter la consternation dans Alger ; mais cette panique dura peu, le fanatisme reprit bientôt le dessus et ils ne tardèrentpas à revenir nous harceler de nouveau. Notre inaction forcée, dont ils étaient incapables d'apprécier les motifs, leur rendit même une certaine confiance.

VIII. — JOURNÉES DES 20, 21, 22 ET 23 JUIN.

Pendant les journées des 20, 21, 22 et 23 juin, les faits de guerre se réduisent à l'échange d'un petit nombre de coups de fusil tirés pour la plupart d'assez loin et produisant par suite peu d'effet. Cet échange était seulement un peu plus actif dans la matinée que dans le reste de la journée.

Dans la nuit du 20 au 21, il y eut une fausse alerte assez vive, occasionnée par quelques soldats restés endormis dans les broussailles.

Le débarquement du matériel et des approvisionnements se poursuivit avec tant d'activité par les soins de la marine, que dès le 22 juin tous les objets contenus sur les bâtiments des deux premières sections du convoi étaient déposés sur la plage.

Le combat de Staouëli n'était pas encore terminé que l'on s'occupait déjà de prolonger la route pour le service des approvisionnements. On la conduisit en peu de temps jusqu'au delà du plateau occupé par le camp algérien. On commença aussi sans retard la construction d'une ligne de redoutes destinées à protéger le passage des convois, lorsque l'armée devrait se porter en avant.

Les nuits étaient très-fraîches et il tombait une forte rosée le matin ; dans la journée la chaleur s'élevait à 24° Réaumur environ ; malgré ces circonstances l'état sanitaire de l'armée laissait peu à désirer.

Le général en chef s'efforça, mais sans succès, de nouer quelques relations avec les Arabes ; ce fut en vain qu'on engagea ceux en très-petit nombre dont on put s'emparer à venir nous vendre des bestiaux avec promesse de les payer généreusement.

L'impatience française s'accommodait mal de la position stationnaire du camp de Staouëli ; ce fut donc avec plaisir que dans la journée du 23 juin on accueillit le bruit généralement répandu d'une grande affaire pour le lendemain. Il est probable que ce bruit était surtout fondé sur l'arrivée de la troisième section du convoi, qui se trouvait en vue, mais dont les vents contraires retardèrent l'entrée dans la baie de Sidi-el-Ferruch. On sait que sur cette section se trouvaient les chevaux de l'artillerie de siége et une grande partie de ceux de l'administration ; chevaux dont l'absence avait jusqu'alors arrêté tout mouvement décisif en avant.

IX. — COMBAT DU 24 JUIN.

Le 24 juin, de très-bonne heure, le général en chef quitta en effet Sidi-el-Ferruch et vint examiner nos avant-postes. Pendant cette reconnaissance quatre mille Algériens environ se portèrent en avant, plutôt pour tirailler que pour une attaque véritable. Afin de faire cesser ce genre de combat dans lequel l'avantage n'était pas toujours de notre côté, le général Berthezène reçut l'ordre de faire marcher sa division en avant dans la direction de la route d'Alger : le général Damrémont devait se placer à la droite de la 1re division et le général Loverdo, avec deux brigades, restait à la garde du camp. Les ennemis virent à peine avancer nos masses qu'ils se retirèrent à la hâte. Quelques groupes de cavaliers arabes se portèrent sur notre droite, mais le général Damrémont ayant fait former en carré les bataillons du 6e de ligne, ces groupes descendirent jusque vers le camp, devant lequel ils furent arrêtés par la brigade du général Monck-d'Uzer : ils s'éloignèrent alors sans rien entreprendre, mais en restant toujours en vue.

Les trois brigades de la 1re division et la brigade Damrémont s'avancèrent d'abord sans obstacles dans un pays découvert et peu accidenté. Au bout d'une heure de marche, nos troupes franchirent successivement deux faibles ruisseaux et aperçurent, à peu de distance en avant, de nombreux vergers couverts d'arbres très-rapprochés les uns des autres et présentant à l'œil l'aspect d'un vaste bois. Après avoir hésité quelques instants, le général en chef donna l'ordre de pénétrer dans ces vergers. Ils se trouvaient coupés par de nombreuses haies de cactus et d'aloès qui, par leur hauteur et leur résistance, formaient une sorte de retranchement naturel. Les Algériens ne tentèrent même pas d'en profiter pour retarder la marche de la 1re division, qui ne s'arrêta qu'après avoir atteint la limite des vergers.

Le terrain que la brigade Damrémont eut à parcourir était coupé de ravins profonds qui donnèrent de ce côté quelque opiniâtreté à la défense de l'ennemi. Cette brigade n'en vint pas moins, avant la fin de la journée, à se placer à la hauteur et à droite de la 1re division. Dans un semblable terrain, ce ne fut qu'avec les plus grandes difficultés que l'artillerie parvint à suivre les mouvements de l'infanterie.

L'aga avait été destitué et le commandement donné au bey de Titery, regardé comme le plus habile des généraux algériens. C'est à ce dernier, ayant sous ses ordres un peu plus de vingt mille hommes, que nous avions eu affaire. Instruit par le résultat de la bataille de Staouëli, il avait résolu d'éviter une rencontre générale, mais de harceler sans cesse l'armée française.

La position occupée par nos troupes est désignée par le général Desprez sous le nom peu algérien de *Fontaine-Chapelle*, et par M. Rozet sous le nom de *Sidi-Abderakman-Bonega*.

Nos pertes, dans la journée du 24 juin, furent peu considérables ; la brigade Damrémont, la plus engagée, n'eut que trente-sept hommes hors de combat. Un des fils de M. de Bourmont y fut très-grièvement blessé : le père en rendit compte au président du conseil des ministres dans les termes suivants : « Un seul officier a été dangereusement blessé, c'est le second des quatre fils qui m'ont suivi en Afrique. J'ai l'espoir qu'il vivra pour continuer de servir avec dévoûment le roi et la patrie. » Malheureusement cet espoir fut déçu, le jeune de Bourmont succomba le 6 juillet.

Le lieutenant d'artillerie Amoros, envoyé en Afrique pour diriger au besoin les soldats qui avaient été exercés au gymnase de Paris, s'étant imprudemment écarté dans la campagne avec trois ou quatre employés d'administration, ils se trouvèrent tout à coup enveloppés par des cavaliers arabes. Bien qu'ils ne firent aucune résistance et qu'ils ne cherchèrent même pas à s'échapper, ils n'en payèrent pas moins leur imprudence de leur vie. Un des employés se cacha ventre à terre dans les broussailles, et fut assez favorisé du sort pour ne pas être aperçu.

Une fois les troupes établies du mieux possible sur le terrain où elles s'étaient arrêtées, le général de Bourmont retourna au camp de Staouëli et s'installa dans une des grandes tentes laissées par les Algériens.

Dans l'affaire du 24 juin, le général en chef se laissa mal à propos entraîner par l'ardeur des troupes. Le manque de chevaux ne permettant pas un mouvement décisif en avant, il était facile de prévoir qu'il serait nuisible de quitter la partie découverte du terrain pour s'engager dans un terrain coupé de haies et couvert d'arbres. Le général Desprez en fait lui-même l'aveu à la suite des pertes éprouvées dans les journées des 25 et 26 juin.

En pénétrant dans les fourrés, on se trouva en effet dans la nécessité de prendre une position désavantageuse sous beaucoup de rapports; mais une fois avancé, le recul était devenu presque impossible. Il fallut installer nos troupes sur le versant d'un coteau dont le versant opposé était occupé par l'ennemi, auquel il était dès lors impossible de dérober aucun de nos mouvements. Cette disposition lui permettait en outre de se glisser dans le fond du ravin et de profiter des accidents de terrain, des arbres dont les jardins étaient couverts, des haies qui les séparaient, pour engager sans relâche avec nous une guerre de tirailleurs. Cette guerre, dans laquelle la connaissance du pays donnait aux Algériens un notable avantage sur nous, fatiguait beaucoup nos troupes et leur occasionnait de sensibles pertes. Le versant ennemi étant plus élevé que le nôtre, les Algériens établirent contre nous des batteries que nous ne pouvions contre-battre qu'avec une grande infériorité.

Le combat du 24 avait commencé avant la distribution des vivres, et la difficulté des chemins ne permit pas, pendant les journées des 24 et 25 juin, de faire des distributions régulières aux corps les plus rapprochés de l'ennemi ; heureusement la viande ne manquait pas, car dans le mouvement en avant on s'était emparé de trois à quatre cents bœufs.

De ces privations forcées et de cette insouciance des détails déjà plusieurs fois signalée, il résulta un relâchement fâcheux dans la discipline de l'armée. Les bestiaux étaient abattus sans aucune précaution, les parties non utilisées étaient laissées sur le sol et infectaient le voisinage. Les hommes morts eux-mêmes n'étaient pas toujours suffisamment recouverts de terre, et les chacals parvenaient parfois à atteindre les cadavres. On ne prenait pas les mesures d'ordre nécessaires, et l'on ne se préoccupait pas suffisamment de la police générale du camp.

Si l'ensemble de l'expédition laissa peu à désirer, il n'en fut pas de même des détails confiés à l'état-major. Le général Desprez, esprit supérieur, mais, comme dit M. Nettement, homme de théorie plutôt que d'expérience, n'était qu'assez médiocrement secondé, et se laissait un peu trop distraire de ses fonctions de chef d'état-major par ses travaux de peinture, d'histoire naturelle, d'archéologie. Il en résultait que tout se faisait pour ainsi dire par soubresauts et que, suivant l'expression imagée d'un chef d'escadron de l'armée, *les ordres étaient donnés à coups de pistolet.* Quelques circonstances de l'embarquement avaient déjà fourni la preuve de cette négligence des détails. On a fait remarquer qu'il en avait été de même dans la baie de Palma. Enfin, on en trouvera par la suite d'autres exemples.

X. — JOURNÉES DES 25, 26, 27 ET 28 JUIN.

Le 25 juin, la guerre de tirailleurs mit hors de combat près de deux cents hommes, dans les quatre brigades qui occupaient la position de Fontaine-Chapelle.

Ce même jour, la division des Cars, qui ne s'était pas encore trouvée en présence de l'ennemi, demanda à combattre à son tour : quelques mouvements de troupes furent la conséquence de cette juste demande. Les brigades Berthier et Hurel durent se porter sur la gauche de Fontaine-Chapelle ; la brigade Montlivault fut chargée d'assurer les communications entre le camp de Staouëli et les troupes en avant : elle devait en même temps fournir des travailleurs pour la continuation de la route et la construction des redoutes destinées à la protection ultérieure des convois. La brigade Monck-d'Uzer rentra à la presqu'île de Sidi-Ferruch pour en former la garnison.

Le défaut de route, l'absence des mulets des équipages rendaient la marche des convois très-difficile. Le convoi de vivres parti de Staouëli pour Fontaine-Chapelle, se trouvant retardé dans sa marche, fut assailli par les Arabes de la plaine entre le camp et les vergers, mais l'approche des troupes de la 1re division détermina la fuite de l'ennemi. Il y avait eu toutefois un commencement de désordre dans le convoi, et les conducteurs de deux voitures chargées de pain avaient coupé les traits de leurs chevaux. Le général Desprez se plaint, avec raison, de ce que le contre-amiral Martineng, trompé par de fausses relations et sans prendre la peine d'en vérifier l'exactitude, écrivit au ministre de la marine qu'un convoi avait été enlevé.

Les deux brigades Berthier et Hurel, tardivement averties et retardées encore dans leur marche par les précautions à prendre et par quelques escarmouches, ne purent atteindre les positions qui leur avaient été assignées qu'à dix heures du soir, après la nuit arrivée. Le 28ᵉ régiment venait au même moment de changer de place, et ses postes avancés étaient à peine établis. Ces deux mouvements, exécutés à une époque aussi peu convenable, occasionnèrent une fausse alerte dans laquelle le 28ᵉ régiment fit feu sur le 17ᵉ, et qui nous coûta trois morts et onze blessés. « On n'avait pu jusqu'alors, dit le général Desprez, détruire chez les soldats cette impatience de tirer que produit toujours l'inexpérience. »

Le 26 juin, la brigade Damrémont, en retournant au camp de Staouëli, fut attaquée par une troupe assez nombreuse de cavaliers. Cette attaque, faite en terrain découvert, n'eut d'autre résultat que de donner une idée exacte de la manière de combattre des Arabes et d'augmenter la confiance de nos soldats.

La guerre de tirailleurs se continua pendant toute la journée avec une grande vivacité, et notre perte fut d'autant plus élevée que les Algériens établirent, sur le versant du Boujaréah qu'ils occupaient, des batteries de canons dont les projectiles atteignaient nos avant-postes. Les brigades Berthier et Hurel eurent cent soixante-huit hommes mis hors de combat. Dans la division Berthezène, il y en eut environ soixante-dix dans le même cas.

Les déplorables résultats des 25 et 26 juin n'avaient que trop révélé les graves inconvénients de la position prise le 24 ; en outre, l'insuffisance des moyens de transport se faisait très-vivement sentir, et l'on songea un moment à rétrograder jusqu'à Sidi-Khalef. Ce mouvement en arrière, qui ne laissait pas que d'être fâcheux sous plus d'un rapport, n'eut pas lieu, par la raison que les vents ayant permis l'entrée dans la baie de Sidi-el-Ferruch des bâtiments de la 3ᵉ section du convoi, on espéra qu'il serait possible de refouler l'ennemi lé 27 juin. On dut remettre néanmoins l'attaque au 29, tant afin de réunir tous les moyens nécessaires pour chasser vigoureusement les Algériens, que pour se trouver en mesure d'ouvrir la tranchée aussitôt notre arrivée devant le fort l'Empereur.

L'armement des ouvrages de la presqu'île de Sidi-el-Ferruch fut terminé le 26 : il fut fait au moyen de pièces fournies par la marine. L'amiral qui avait offert, de lui-même, trois mille marins pour la défense de ces retranchements, ne crut à ce moment pouvoir disposer que de quinze cents seulement.

Les chevaux amenés par la 3e section du convoi furent débarqués avec une extrême promptitude, et ils étaient tous mis à terre le soir du 26 juin. Cette circonstance fut très-heureuse, car dans la nuit du 26 au 27 il s'éleva un coup de vent au moins aussi violent que celui du 16. Plusieurs bâtiments du convoi furent chassés à la côte; ils en furent quittes toutefois pour quelques avaries peu importantes. En raison du long séjour que les chevaux avaient fait dans les bâtiments-écuries, on avait conçu la crainte qu'ils n'arrivassent en mauvais état; on fut agréablement surpris en reconnaissant qu'ils n'avaient aucunement souffert.

Dans la journée du 27 juin, la guerre de tirailleurs se poursuivit toujours à peu près dans les mêmes conditions, et, malgré quelques faits d'armes favorables, nos pertes furent peu inférieures à celles des deux jours précédents.

« Dix-sept cents hommes environ, dit M. Desprez, avaient été tués ou blessés dans les combats livrés depuis l'ouverture de la campagne; les opérations ultérieures paraissaient devoir être plus meurtrières encore. M. de Bourmont crut, en conséquence, devoir appeler en Afrique la 1re brigade de la division de réserve; la chute, plus rapide qu'on ne l'avait présumée, du château de l'Empereur, fit révoquer cette disposition : le contre-ordre parvint à Toulon au moment où les troupes commençaient à s'embarquer. »

Le 28 juin, le feu de tirailleurs s'engagea, comme à l'ordinaire, sur toute la ligne. Un bataillon du 2e léger, l'un de ceux dont se composait le 1er régiment de marche, était campé à l'extrême droite, sur un terrain très-accidenté; profitant de la négligence avec laquelle se gardait ce bataillon, les Algériens parvinrent, en se glissant à plat ventre dans les ravins, à le surprendre et à l'obliger à se retirer en désordre ; les trois autres bataillons de la brigade Poret de Morvan se portèrent alors vivement au secours des nôtres, chargèrent vigoureusement l'ennemi et ne tardèrent pas à le mettre en déroute : le bataillon attaqué n'en eut pas moins de cinquante à soixante hommes mis hors de combat dans cette échauffourée.

A gauche, le 35ᵉ régiment fortement attaqué par un corps nombreux d'Algériens les reçoit avec vigueur et finit par les repousser victorieusement; mais cette brillante affaire lui coûte environ quatre-vingts hommes tués ou blessés.

Dans la journée du 28, le général en chef établit son quartier général à Fontaine-Chapelle et s'occupe de toutes les dispositions nécessaires pour une attaque ultérieure.

Voici la position générale de l'armée, le 28 au soir : 1ʳᵉ *division :* brigades Achard et Clouet, placées au centre de l'attaque; brigade Poret de Morvan, chargée de garder la position de Fontaine-Chapelle et le parc d'artillerie. — 2ᵉ *division :* brigades Damrémont et d'Arcine, formant la droite de l'attaque; ces brigades, qu'on avait fait rétrograder mal à propos, n'arrivent que dans la nuit aux positions assignées; brigade Monck-d'Uzer, employée à la défense du camp de Staouëli, à assurer les communications de ce camp à la presqu'île, et enfin à aider les marins dans la garde des retranchements. — 3ᵉ *division :* brigades Bertier de Sauvigny et Hurel, formant la gauche de l'attaque; brigade Montlivault, échelonnée entre la position de Fontaine-Chapelle et le camp de Staouëli.

« Le pays, dit le général Desprez, présentait des accidents de terrain très-prononcés. La carte du capitaine Boutin, faite de souvenir, ne pouvait offrir que peu de confiance. On n'avait point de guide ; aussi verra-t-on qu'il y eut, pendant la journée du 29, de l'incertitude dans les marches. » Le capitaine Rozet fait observer avec raison que l'emploi bien facile d'une boussole eût évité ces incertitudes qui causèrent à nos troupes de cruelles fatigues, et qui exposèrent l'armée tout entière à d'imminents dangers.

XI. — COMBAT ET MARCHES DU 29 JUIN.

Le 29 juin, à trois heures du matin, alors qu'on commençait à peine à distinguer les objets, l'armée se porta en avant, Les Algériens, qui négligeaient de se garder, ne s'aperçurent de notre attaque que lorsque nous étions sur le point de les atteindre ; ils n'eurent pas le temps de se mettre en défense et ils s'enfuirent dans le plus grand désordre, en abandonnant six bouches à feu qui se trouvaient en batterie. Dès cinq heures du matin, l'ennemi ne faisait plus de résistance et la déroute était complète.

Le général ralentit alors la marche des divisions, afin de laisser le temps de reconnaître le terrain. La brigade Achard est dirigée sur le Boudjaréah, dont le commandement sur le pays environnant rendait l'occupation nécessaire. La brigade Clouet est laissée en réserve. Jusqu'alors tout s'était passé avec ordre et la marche des troupes avait reçu une bonne direction.

En couronnant les hauteurs occupées la veille par l'ennemi, on aperçut la plaine de la Métidjah, couverte d'un épais brouillard, produit par la chute d'une abondante rosée. Le général Desprez, trompé par ce brouillard, prit cette plaine pour la mer, erreur qui lui fit reporter la ville d'Alger beaucoup à gauche de sa position réelle. Cette fausse appréciation des lieux occasionna, à partir de cette époque, la plus grande confusion dans la marche et dans la destination des corps.

La division Loverdo se trouvait à cheval sur la voie romaine ; la brigade d'Arcine, placée à l'extrême droite, avait aperçu le fort Bab-Azzoun et même le château de l'Empereur ; la division Berthezène, tout entière à droite de la même voie, arrivait, un peu en arrière de la précédente, à Byr-ben-Atheïa. Vers les sept heures du matin, lorsque des ordres, partis de l'état-major et basés sur l'erreur signalée plus haut, viennent prescrire à la 1ʳᵉ et à la 2ᵉ division de se reporter vers la gauche, pour soutenir la division des Cars, le général Loverdo, convaincu, non sans raison, qu'il se trouvait en bonne direction, refuse d'abord d'exécuter le mouvement ordonné ; obligé de céder à l'ordre impératif apporté par le général Tholozé, il n'obéit qu'après avoir exigé un croquis. Au moment de l'exécution, le général d'Arcine, faisant les plus vives objections contre ce mouvement inopportun, le général Loverdo, en lui répétant son ordre pour la quatrième fois, ajoute : « Général, vous allez battre en retraite avec votre brigade et la diriger sur le mont Boudjaréah, pour y remplacer la division des Cars, qui vient elle-même prendre votre place. » Il lui fait alors connaître l'ordre exprès, reçu de l'état-major, qui ne lui laissait pas la faculté d'hésiter.

La raideur des pentes dans lesquelles la 2ᵉ division était obligée de s'engager, ne permettant pas à l'artillerie de marcher avec l'infanterie, le général Loverdo, avant de commencer le mouvement, appela près de lui le capitaine Lami, commandant la batterie de campagne, qui suivait sa division, et lui dit : « Je viens de recevoir l'ordre de faire prendre deux ravins à gauche de la route, l'un à la brigade d'Arcine, l'autre à la brigade Damrémont, et, quant à vous, je ne sais pas ce que vous allez devenir. » Le capitaine demanda quel était le but du mouvement : « De porter les deux brigades au pied du château de l'Empereur, » dit le général. M. Lami, après avoir fait l'observation, que le chemin suivi jusqu'alors y conduisait bien plus directement, demanda un bataillon d'escorte, et promit, en partant une heure après le général, d'être arrivé devant le fort aussitôt que lui. Le 2ᵉ bataillon du 49ᵉ de ligne, commandant M. Apchié, fut laissé, avec une demi-compagnie de sapeurs, pour servir d'escorte à l'artillerie. On indiquera plus tard ce qui en advint.

Retournons maintenant à la gauche de l'armée. La division des Cars, ayant marché droit devant elle jusqu'à la vigie de la marine algérienne, s'était provisoirement établie sur les hauteurs environnantes. Il y avait peu de temps qu'elle se trouvait au repos, lorsqu'elle reçut l'ordre de descendre les pentes du Boudjaréah et de se rendre dans les environs des consulats d'Espagne et de Suède (emplacement voisin de celui que venait de quitter la 2ᵉ division), où elle devait prendre position pour le siége du fort de l'Empereur. Le général des Cars, jugeant que la route à travers les ravins serait très-pénible pour les soldats et pourrait même entraîner des inconvénients militaires, insista pour contourner les hauteurs; mais le général Desprez lui prescrivit d'y entrer, en l'assurant que ce chemin, plus direct, était aussi très-praticable.

La 3ᵉ division dut donc s'engager dans des chemins effroyables; trois heures auraient suffi pour arriver, au poste assigné, par la première des deux routes, par la seconde on mit cinq ou six heures pour y parvenir; encore le général dut-il chercher une issue pour sortir des vallées où sa division était comme perdue. Enfin, avec les plus grands efforts, il réussit à gagner la voie romaine, d'où il put facilement se rendre à la position qui lui avait été assignée.

Dans ces marches à travers cette succession de ravins abrupts et sans chemins tracés, les troupes éprouvaient des fatigues incroyables. Les soldats ne pouvaient garder aucun ordre, obligés qu'ils étaient souvent de marcher un à un. Les régiments étaient confondus et hors d'état d'obéir à la voix de leurs chefs. L'artillerie ne parvenait à suivre le mouvement qu'à l'aide de longs détours; elle devait, en outre, abattre des haies, combler des fossés, etc.

La 2ᵉ division, en descendant dans les vallées, rencontra la 3ᵉ et ne tarda pas à se dissoudre comme elle. Si, à ce moment, les Algériens, revenus de leur frayeur, nous eussent attaqués à leur tour, la situation fût assurément devenue des plus graves et nous n'aurions pu manquer d'éprouver, pour le moins, de notables pertes. Heureusement, ils se trouvaient encore sous le coup de la terreur panique que leur avait causée la surprise du matin, et ils ne songèrent même pas à venir seulement observer nos mouvements.

Aucun souffle de vent n'agitait l'air, ce qui rendait la cha-

leur plus accablante encore ; les troupes étaient tellement ha-
rassées que les généraux jugèrent indispensable de les faire
reposer, et de prescrire une halte qui dura plus de deux
heures. Lorsque, sur les ordres de l'état-major, on voulut
reprendre le mouvement, les régiments se trouvaient entre-
mêlés, de telle sorte que, la voix des officiers étant devenue
impuissante pour faire reprendre les rangs, on dut placer des
tambours sur différents points et leur faire battre la marche
de chaque régiment.

Pendant le repos dont nous venons de parler, le capitaine
Lami s'était engagé avec ses canons et ses voitures dans l'ancien chemin romain. Le bataillon d'escorte suivait sur les bords
de la route, chassant devant lui les tirailleurs arabes embus-
qués principalement vers la droite. Cette route était si étroite
et si fortement encaissée, que non-seulement les pièces ne
pouvaient pas faire feu, mais encore que les voitures ne pouvaient même pas être retournées pour rétrograder ; il fallait
de toute nécessité marcher en avant. Cette position ne laissait
pas que d'être assez inquiétante, car on n'apercevait aucune
troupe française, et à peine entendait-on quelques coups de
fusil vers la gauche. Après avoir marché assez longtemps, on
parvint à trouver sur la gauche de la route une sorte de rampe
qui permit à l'artillerie de quitter enfin la voie romaine et de
se mettre en position de pouvoir faire feu. On n'apercevait
qu'un nombre assez restreint de tirailleurs ennemis sur la
droite ; on n'en tira pas moins quelques coups de canon contre
eux, plutôt pour indiquer la position de la batterie aux troupes
françaises que pour la nécessité de la défense. Le bataillon
d'escorte en poursuivant son chemin ne tarda pas à atteindre
une colline d'où l'on apercevait parfaitement le fort l'Empereur, dont on se trouvait à peine à demi-portée de canon.
Le fort tira quelques coups sur les nôtres qui se mirent à l'abri
sur le revers de la colline, mais la batterie crut devoir répondre
par un feu assez actif, toujours dans le but d'appeler sur elle
l'attention de l'armée. Le bruit de cette canonnade attire, en
effet, promptement le général en chef, qui profite de la position

élevée pour reconnaître le fort et tout le terrain environnant. Lorsqu'il s'avança avec tout son état-major sur le sommet de la colline, le château, qui n'était qu'à environ six cents mètres, se mit à tirer avec une grande activité. Malgré les boulets et la mitraille qui inondaient le terrain que parcourait le général, il n'en donnait pas moins ses ordres avec calme et précision pour l'établissement des 2e et 3e divisions. A partir de ce moment, la confusion cesse et les mouvements des troupes se régularisent aussi bien que la fatigue et les circonstances du terrain peuvent le permettre.

Le général Tholozé vint informer le général Loverdo que c'était par erreur qu'on lui avait fait faire un mouvement rétrograde, et lui donner un nouveau point de direction. On se trouva encore dans la nécessité de traverser plusieurs ravins avant d'atteindre l'emplacement indiqué.

. La division Berthezène continua seule son mouvement ascensionnel sur les pentes du Boudjaréah.

A la fin de la journée, les positions se trouvaient ainsi distribuées : la division des Cars occupait, à la droite, la position primitivement destinée à la première division ; le général Berthezène occupait, à gauche, la position sur laquelle s'était établie le matin la 3e division ; enfin le général Loverdo, après avoir été écarté de sa position du centre, y avait été ramené par de nouveaux ordres.

Cette journée si pénible pour les troupes et que la confusion des divisions aurait pu rendre dangereuse, se termina par un commencement de reconnaissance du terrain pour l'établissement des tranchées. Dans cette reconnaissance dirigée par le général du génie Valazé, quelques maisons occupées par les Turcs sur le terrain des approches durent être enlevées par le chef de bataillon du génie Vaillant (maréchal Vaillant). L'ennemi n'opposa aucune résistance.

A l'aspect de la ville d'Alger, l'armée poussa les plus vives exclamations de joie, et conçut l'espérance du plus prompt succès.

La droite de la brigade Poret de Morvan fut assaillie toute

la journée dans la position de Fontaine-Chapelle par les tirailleurs ennemis qui n'avaient pas été refoulés dans Alger, et qui
avaient une retraite assurée par la route de Constantine.

Dans les combats du 29, les deux brigades de la 2ᵉ division
eurent 35 hommes hors de combat ; les deux brigades de
la 3ᵉ en eurent 25 dans le même cas ; les pertes de la 1ʳᵉ division et des brigades laissées à la garde des camps furent
presque nulles.

Les troupes que le général Berthezène avait envoyées en reconnaissance firent la rencontre de plusieurs familles juives que
la peur avait chassées d'Alger et qui s'étaient réfugiées dans
les maisons de campagne situées sur les pentes du Boudjaréah.
A notre aspect, ces juifs prirent la fuite ; trompés par le cos-
tume et animés par le danger, nos soldats se croyant en présence des Arabes tirèrent sur eux : les cris des femmes et des
enfants ne tardèrent pas à faire reconnaître l'erreur, et les
officiers s'interposèrent aussitôt pour faire cesser le feu. Malheureusement il y avait déjà eu quelques victimes, parmi
lesquelles se trouvaient plusieurs femmes. L'une d'elles, âgée
de dix-sept ans seulement, d'une beauté remarquable et riche-
ment mise, attirait surtout les regards. Ces malheureux se
jetaient à genoux, nous baisaient les pieds, les mains, les habits
et demandaient grâce à mains jointes, tandis que de notre côté
nous faisions de vains efforts pour les rassurer. Enfin arriva
un interprète qui leur fit comprendre qu'ils n'avaient rien à
craindre et que les Français les prenaient sous leur protection.
Plusieurs se détachèrent alors tout joyeux pour avertir ceux
d'entre eux épars dans les environs. Quelques centaines de
personnes de tout âge et de tout sexe vinrent aussitôt chercher
asile parmi nous. Un certain nombre de ces juifs, tant hommes
que femmes, avaient de beaux traits, un air distingué et de
riches habillements. Les alternatives de crainte et d'espérance
qui se peignirent successivement sur leurs figures impression-
nèrent vivement nos soldats. Un de ces juifs, nommé Durand,
parlait assez bien le français, il servit d'intermédiaire entre
nous et ses coreligionnaires. On le chargea de les assurer de

nouveau qu'ils trouveraient aide et sûreté pour leurs personnes et pour leurs biens. Le général en chef reçut de lui plusieurs renseignements utiles.

Tous les consuls étrangers, hors le consul anglais, s'étaient réunis avec leurs familles dans une maison de campagne peu éloignée de la position qu'occupait la brigade du général Achard : on s'empressa d'y envoyer une sauvegarde. Le consul anglais était resté seul dans sa maison de campagne située en dehors du terrain occupé par nos troupes.

L'aspect des environs d'Alger est surtout remarquable par le grand nombre de maisons de plaisance dont la campagne est ornée. Ces maisons sont généralement entourées de beaux jardins, dans lesquels une agréable fraîcheur est constamment entretenue par des jets d'eau, alimentés au moyen d'aqueducs ou par l'eau tirée des puits à l'aide d'une espèce de noria. Les clôtures qui séparaient ces jardins offraient de grandes facilités pour disputer le terrain pied à pied ; mais les Algériens n'y songèrent même pas. Ils avaient, en outre, une très-grande confiance dans la force défensive du château de l'Empereur ; ils supposaient, dans leur ignorance, que, pour arriver à s'en rendre maître, il faudrait élever vis-à-vis une forteresse de même force, et étaient, par cette raison, dans la ferme persuasion que nous ne pourrions jamais parvenir à nous en emparer.

Ce fort, bâti partie en pisé, partie en maçonnerie, avait été construit par les Algériens sur un mamelon qui domine toute la partie de la ville du côté de laquelle il est situé. C'était sur ce mamelon, alors non fortifié, que Charles-Quint s'était établi, pour inquiéter Alger dans l'expédition de 1545. Ce château est de forme à peu près rectangulaire ; la longueur des grands côtés est de cent cinquante mètres, celle des petits côtés de cent mètres. A chacun des angles, on a ménagé une sorte de bastion très-peu spacieux, afin d'obtenir quelques feux de flanc ; l'angle ouest du château était tourné vers les hauteurs que nous occupions et le front nord-ouest, vers lequel devaient se diriger nos attaques, avait un

double rang de feux. Une tour intérieure formait une sorte
de réduit. Il n'y avait pas de fossés proprement dits ; mais, en
plusieurs endroits, le roc, sur lequel était assis le fort, présentait de fortes dépressions.

XII. — JOURNÉE DU 30 JUIN, 1ᵉʳ, 2 et 3 JUILLET. TRAVAUX D'ATTAQUE.

On avait songé d'abord à investir toute la ville, mais on
reconnut promptement que la disposition du terrain et le petit
nombre de troupes dont on pouvait disposer ne permettaient
pas de s'arrêter un moment à un semblable dessein. Le général en chef jugea, en outre, avec raison qu'une fois le fort
pris, toutes les batteries de côtes tomberaient nécessairement
en notre pouvoir.

Dès la nuit du 29 au 30 juin, on commença l'investissement
du fort, et la tranchée fut ouverte à 600 ou 700 mètres des
murailles sur une longueur de 1,000 mètres environ. La lassi-
tude des troupes ne permit pas de pousser ce travail avec une
grande activité, de plus le terrain offrait sur plusieurs points
des difficultés imprévues ; il en résulta qu'à la naissance du
jour, on dut abandonner quelques portions des tranchées dans
lesquelles les travailleurs ne se trouvaient pas suffisamment à
couvert.

Dans le cours de la nuit les Algériens n'avaient pas tiré un
seul coup de canon et ils n'avaient même apporté aucun obstacle
aux travaux ; ils s'étaient contentés de faire un bruit effroyable
en chantant ou plutôt en hurlant de toute la force de leurs pou-
mons. Au lever du soleil le fort ouvrit un feu-très vif sur les
tranchées.

Par suite d'une méprise fâcheuse, les travailleurs de nuit et
ceux venus pour les relever, se trouvaient entassés dans une
place d'armes qu'on jugea convenable d'abandonner : la communication étant interrompue sur une longueur de 30 mètres,
les défenseurs du fort aperçurent les mouvements de nos sol-

dats et firent pleuvoir sur eux une grêle de balles et de bis-
caïens qui atteignirent plusieurs des nôtres. Le chef de bataillon du génie Chambaud fut mortellement blessé dans cette
fâcheuse affaire.

Au petit jour les généraux commandant l'artillerie et le génie
s'empressèrent d'achever la reconnaissance du château de
l'Empereur et des parties de la ville qui pouvaient avoir des
vues sur les attaques. Ils s'occupèrent en même temps de la
détermination de l'emplacement des batteries d'attaque à construire. La disposition du terrain et le peu de longueur des
faces du fort firent abandonner l'emploi du tir à ricochet : on
se décida à élever de suite des batteries destinées à contre-battre de plein fouet l'artillerie ennemie et à faire brèche ensuite
s'il y avait lieu.

On tomba d'accord sur l'établissement de cinq batteries :

1re batterie (bat. de Bordeaux) armée de 2 obusiers de 22 cent.
2e   id.   (id.   du Roi) id.   de 6 canons de 24.
3e   id.   (id. du Dauphin) id.   de 4 canons de 24.
4e   id.   (id.   Duquesne) id.   de 4 mortiers de 27 cent.
5e   id.   (id.   St-Louis) id.   de 6 canons de 16.

Les trois premières batteries étaient destinées à contre-
battre la face sud-ouest du fort : la 5e batterie avait pour but
d'enfiler la courtine de cette même face et de battre de plein
fouet la face nord-ouest. — La 4e devait porter des bombes
sur tout le terre-plein du Château.

Pendant les travaux d'attaque, les divers corps de l'armée
furent disposés de la manière suivante. — Le quartier général
était établi dans une maison de campagne voisine de la voie
romaine et distante du château de l'Empereur de 2,000 mètres
environ. — La première division, qui s'était toujours trouvée
en avant jusqu'alors, fut chargée de couvrir l'armée de siége,
de fournir l'escorte des convois apportant de Sidi-el-Ferruch
les vivres et le matériel, enfin d'occuper les redoutes destinées
à protéger ces convois.

Deuxième division : brigade Damrémont ; 6e de ligne campé

dans les jardins de la maison consulaire d'Espagne ; 49ᵉ de ligne, près de l'emplacement assigné au dépôt de tranchée. — Brigade Monck-d'Uzer ; 15ᵉ de ligne et 1ᵉʳ bataillon du 48ᵉ en avant du consulat des Pays-Bas. Le 15ᵉ et le 49ᵉ servirent jusqu'à la fin du siége de réserve à la garde de tranchée. — Brigade d'Arcine, à 400 mètres en arrière de la maison consulaire des Pays-Bas.

Troisième division : Brigade Bertier de Sauvigny à hauteur et à droite du quartier général ; elle était chargée d'éclairer la droite de l'armée d'investissement. — Brigade Hurel, en arrière de la précédente. — Brigade Montlivault, placée dans une position encore plus reculée, campée près du terrain occupé par le parc d'administration, et chargée de veiller à la défense des derrières de l'armée.

Les trois escadrons de chasseurs se trouvaient disséminés en petits détachements à Sidi-el-Ferruch, à Staouëli, à Fontaine-Chapelle, et en outre la portion la plus considérable bivouaquait en arrière et à peu de distance du quartier général.

Les parcs de l'artillerie et du génie furent placés à droite et à gauche de la voie Romaine, un peu en arrière du quartier général. — On trouva dans les jardins et particulièrement sur les bords d'un petit ruisseau situé à notre gauche, beaucoup de bois très-propre au fascinage ; et l'on établit dans ces deux parcs des ateliers pour la confection des gabions et fascines nécessaires aux travaux de siége, ceux embarqués à Toulon se trouvant à peu près hors de service à leur arrivée.

Tous nos moyens de transports suffisaient à grand'peine à faire parvenir au camp les objets du matériel de siége et pour assurer le service des subsistances. M. Denniée dit que le poids total des objets amenés journellement, rien que pour ce dernier service, s'élevait à 72,000 kilogrammes ; ce chiffre paraît un peu élevé.

La distance à parcourir était d'environ 20 kilomètres. La route prenant son origine à Sidi-el-Ferruch, se reliait à la voie Romaine à peu de distance du camp ; celle-ci avait dû être réparée dans la portion utilisée.

Les communications étaient assurées au moyen de sept redoutes espacées entre elles depuis 1,100 jusqu'à 3,000 mètres, la dernière n'était qu'à 900 mètres du camp.

La défense de la presqu'île de Sidi-el-Ferruch était confiée aux 1,500 marins fournis par la flotte, soutenues par le 2ᵉ bataillon du 48ᵉ, ainsi que par des détachements de l'artillerie et du génie.

Pendant la journée du 30 juin on poursuivit les travaux d'attaque : le feu de l'artillerie ennemie n'avait lieu qu'à certains moments de la journée, il était en outre mal dirigé et par suite peu efficace. Nos plus grandes pertes résultèrent de l'impatience des soldats, qui se montraient mal à propos en voulant atteindre les tirailleurs ennemis.

Notre armée n'occupant que les hauteurs, le passage était libre de chaque côté entre nos troupes et la mer. A notre droite, il restait un espace considérable non occupé dans le bas duquel passait la route de Constantine, de sorte que les troupes et les approvisionnements pouvaient entrer à Alger ou en sortir à volonté. Une partie des contingents de Constantine et de Tittéry campaient sur la plage au delà du fort Bab-Azzoun. Le général Desprez entreprit de faire une reconnaissance de ce côté ; on chassa facilement les Arabes d'un terrain fortement accidenté, mais ils nous suivirent de près au retour, et les deux pièces de montagne qui avaient accompagné les troupes se trouvèrent un instant compromises par suite de la raideur des pentes.

Dans la matinée du 30 juin, les Algériens profitèrent des irrégularités du sol pour tomber à l'improviste sur un détachement du 49ᵉ placé dans la maison du consul de Suède. Ce détachement dut d'abord se replier sur le camp du 6ᵉ, mais l'ennemi ne tarda pas à être vigoureusement repoussé. Comme on crut important de conserver ce poste, on fit créneler la maison et fermer les passages vers la mer par des tranchées et des abatis.

A là tombée de la nuit du 30 juin au 1ᵉʳ juillet, on entreprit la construction des batteries d'attaque. La nature du sol opposa presque partout de grandes difficultés au travail. Les batteries de Bordeaux, du Roi et du Dauphin durent être établies en grande partie à l'aide de sacs à terre, le roc se trouvant à quelques centimètres seulement au-dessous de la surface du terrain. Dans les batteries Duquesne et Saint-Louis, la terre se trouvait en quantité suffisante ; mais cette dernière occupait l'extrémité d'un mamelon et l'emplacement manquait de largeur.

Pendant cette nuit, aussi bien que pendant le cours des nuits suivantes, le feu de l'ennemi fut à peu près insignifiant. Au lever du soleil, il reprenait une grande activité, après un certain temps, il perdait de sa vivacité, et il finissait même par cesser totalement à certaine heure de la journée. Le soir enfin toute l'artillerie ennemie battait de nouveau les tranchées. Nos travaux étaient battus non-seulement par l'artillerie du château de l'Empereur, mais encore par un certain nombre de pièces de la Casbah, et même par quelques bouches à feu établies sur des points extérieurs.

Dans la journée du 1er juillet, on continua les travaux d'attaque ; en dirigeant les travailleurs, le commandant Vaillant fut atteint d'un biscaïen qui lui cassa la jambe. — L'artillerie entreprit la construction d'une sixième batterie (batterie de Henri IV) armée de 4 obusiers de 22 centimètres. Cette batterie était située près de la maison du consul de Suède ; un mur dérobait les travaux à la vue du château et l'on put en entreprendre la construction pendant le jour.

Les tirailleurs ennemis, en se glissant dans les ravins, parvenaient à prendre de revers les travaux de tranchée ; on éleva quelques petits ouvrages pour assurer notre gauche contre ces attaques qui nous faisaient plus de mal que l'artillerie du fort.

Afin d'inquiéter les canonniers turcs, on fit choix de cent des plus habiles tireurs dans tous les régiments ; on les arma de fusils de rempart et on les mit sous la direction de M. le capitaine Delvigne, qui s'était occupé avec succès du tir des armes de précision. Malgré la distance de six cents mètres, qui se trouvait entre les tranchées et le fort, on parvint à atteindre plus d'une fois les artilleurs ennemis par les embrasures.

Le 2 juillet au matin, on était assez à couvert dans les batteries pour continuer le travail pendant le jour, excepté toutefois à la batterie du Dauphin, construite à peu près sur le roc vif. Le terrain s'abaissant très-rapidement à l'extrémité de la batterie Saint-Louis, on s'occupait d'établir un logement pour quelques hommes lorsque les Algériens, débouchant tout à coup d'un ravin peu éloigné, parvinrent à chasser les défenseurs du logement et même à s'avancer sur le terre-plein de la batterie. Les travailleurs durent alors se faire une arme de leurs outils; mais les capitaines de l'artillerie et du génie, MM. Mocquard et Fourreau, se mettant à la tête des troupes, chassèrent l'ennemi de la batterie et reprirent le retranchement.

Un détachement de la brigade Achard, envoyé en reconnaissance pour fouiller les ravins vers la pointe Pescade, atteignit un contrefort qui dominait deux batteries de la côte. Profitant de cette position élevée, nos troupes ouvrirent le feu contre ces deux batteries ; les défenseurs se jetèrent dans des barques et abandonnèrent ces ouvrages sans faire aucune résistance. On y trouva trente-six bouches à feu et un drapeau.

Au camp de Staouëli on commençait à nouer de faibles relations avec les indigènes. Quelques Arabes vagabonds venaient même nous apporter des provisions fraîches à des prix peu élevés, mais en quantités assez restreintes.

Nos soldats, occupés seulement à remuer les terres pour la construction des tranchées, sans répondre au feu de l'ennemi, supportaient impatiemment leur inaction forcée et désiraient vivement voir commencer le tir de l'artillerie. Plusieurs batteries étaient en état, mais la difficulté du travail avait retardé la confection de deux d'entre elles ; dans cette situation, on jugea qu'il ne convenait pas d'ouvrir le feu le 3 juillet au matin. On sait qu'il est de règle de faire tirer toutes les batteries à la fois, afin d'éviter que l'ennemi ne puisse concentrer la totalité de ses feux sur quelques-unes seulement.

Dès la soirée, les bouches à feu, qui devaient armer les batteries, étaient prêtes au dépôt de tranchée ; on parvint, pendant la nuit, à les conduire sans trop de peine aux points qu'elles devaient occuper. Le 3 juillet, à quatre heures du matin, les batteries Bordeaux, Duquesne, Saint-Louis et Henri IV étaient pourvues de tout leur matériel ; mais il n'y avait que quatre pièces dans la batterie du Roi, la partie de l'épaulement destinée à couvrir les deux autres n'étant pas encore achevée. Dans la batterie du Dauphin, la forte inclinaison du sol avait retardé l'établissement des plates-formes.

Le général Damrémont, en prenant le commandement de la tranchée le 3 juillet, s'efforça de contenir l'ardeur de ses soldats et fit fortement recommander de ne pas s'exposer inutilement pour répondre aux tirailleurs arabes. Au moyen de ces précautions, le nombre des hommes mis hors de combat dans la journée se trouva moindre qu'il ne l'avait été les jours précédents.

Les Arabes se portèrent encore en grand nombre sur la batterie Saint-Louis et l'attaquèrent avec acharnement. Un Algérien fut tué en voulant arracher un gabion, plusieurs autres furent percés de coups de baïonnette ; le reste fut promptement repoussé.

Dans le but d'amortir l'effet de notre artillerie, les canonniers turcs garnirent les embrasures du château de l'Empereur de grosses balles de laines ; ils en couvrirent soigneusement les magasins à poudre et en placèrent même sur quelques portions du terre-plein du fort.

Vers le milieu de la journée du 3, l'amiral Duperré crut devoir profiter de l'état favorable de la mer pour canonner les forts et batteries maritimes de la ville d'Alger. Vers trois heures de l'après-midi, l'armée de terre fut très-surprise d'entendre tout à coup un bruit formidable d'artillerie. D'un grand nombre de points du camp on voyait distinctement les bâtiments de la flotte qui lâchaient leurs bordées en défilant sous voile parallèlement à la côte ; et les forts algériens répondaient avec vivacité ; mais comme nos vaisseaux étaient hors de portée, il n'y eut de part et d'autre que beaucoup de bruit.

Cette manœuvre a été l'objet d'amères critiques qui ne nous semblent nullement méritées : elle offrait l'avantage d'obliger les canonniers turcs à se porter, du moins en partie, dans les batteries de la côte et de détourner leur attention des travaux dirigés contre le fort de l'Empereur. Du moment où l'on ne songeait pas à attaquer réellement par mer, l'amiral devait-il occasionner sans nécessité la mort d'une partie du personnel qui se trouvait sous ses ordres, et exposer à des avaries graves un matériel qu'il était d'autant plus nécessaire de ménager qu'on pouvait en avoir besoin d'un moment à l'autre, en raison du mauvais vouloir que les Anglais avaient témoigné contre l'expédition d'Alger ? On a déjà eu l'occasion de le dire, la marine désirait ardemment une occasion de se montrer et n'eût certes pas mieux demandé que de se battre de plus près.

Cette affaire fût probablement passée à peu près inaperçue, si l'amiral n'eût pas cru devoir faire sur elle un rapport trop pompeux, dans lequel se trouvent dépassées les bornes de l'inexactitude accordée à un bulletin. Lorsqu'on n'a pas été atteint même d'un seul coup, est-il possible de dire qu'on a *combattu?* et qu'importe le nombre des pièces sous le feu desquelles on est passé ? Jamais, qu'on nous passe le mot, plus grande gasconnade officielle n'a été proclamée au vu et au su de 30,000 témoins. Tout le mal se réduit donc à un rapport écrit sous la dictée de M. de Crac, et qu'on eût promptement oublié sans l'immense retentissement que lui donnèrent mal à propos les journaux du parti de l'amiral.

Le soir du 3 juillet, un ordre du jour annonça aux troupes d'artillerie que le lendemain à la pointe du jour toutes les batteries de siége tireraient à la fois, et qu'une fusée donnerait le signal du tir. Toutes les dispositions qu'indiquait la prudence avaient été prises ; un détachement d'infanterie affecté à chaque batterie devait la défendre contre les sorties et fournir des travailleurs dans le cas où les effets du canon de la place rendraient des réparations nécessaires. Deux batteries d'artillerie, placées en réserve au dépôt de tranchée, étaient destinées à rendre prompt et facile le remplacement des canonniers mis hors de combat. Le soin de renouveler les munitions fut confié à des sous-officiers intelligents et expérimentés. « Chez le général de La Hitte, dit M. Desprez, l'ardeur n'excluait pas la prudence. »

Dans la nuit du 3 au 4 juillet, vers les trois heures et quart du matin, les Algériens, profitant de ce qu'on avait négligé de placer des sentinelles en avant de la batterie du Dauphin, se glissèrent sans être aperçus jusqu'à cette batterie et en franchirent inopinément le parapet. L'attaque fut extrêmement vive, on combattit corps à corps, mais la lutte fut de courte durée. Après avoir chassé les Arabes, on fit éclairer par des factionnaires le devant de la batterie.

XIII. — ATTAQUE DU FORT L'EMPEREUR : JOURNÉE DU 4 JUILLET.

Le dimanche 4 juillet, à quatre heures du matin, alors que des batteries on commençait à distinguer les embrasures du fort, on vit enfin briller la fusée si impatiemment attendue. A ce signal, nos six batteries tonnent à la fois. Les Turs surpris courent à leurs pièces, et bientôt ils nous répondent de toute l'artillerie du château, ainsi que de celle des autres ouvrages qui avaient des vues sur nos tranchées.

Dans les premiers moments du tir, l'air était si calme que la fumée de la poudre restait en avant des épaulements et gênait beaucoup le pointage ; nos bombes allaient tomber bien au delà du fort ; le tir des obusiers manquait d'exactitude. Une heure ne s'était pas écoulée que le vent faisait promptement disparaître la fumée ; on put alors donner au pointage des canons une grande précision et rectifier le tir des obusiers et des mortiers. De ce moment, il fut évident que notre feu prenait une grande supériorité sur celui de l'ennemi.

Les Algériens avaient, il est vrai, un bien plus grand nombre de bouches à feu que nous, mais leurs affûts étaient mal établis et peu mobiles, ce qui augmentait beaucoup l'intervalle entre deux coups successifs. Leurs bouches à feu et leurs projectiles étaient très-mal calibrés et par suite leur tir très-incertain. Notre plus grand avantage enfin était de nous trouver abrités par des épaulements en terre impénétrables, tandis que l'ennemi n'était couvert que par des murailles d'une épaisseur insuffisante dont les débris, chassés par nos projectiles, faisaient sur les défenseurs l'effet de la mitraille. L'emploi des balles de laine dont les Turcs faisaient usage pour raccommoder les embrasures n'avait aucune efficacité. Nos bombes, dont le tir avait acquis une grande précision, en tombant sur un terre-plein en maçonnerie dans lequel elles ne pouvaient pas s'enfoncer, répandaient par leurs éclats la terreur et la mort autour d'elles.

A huit heures, l'intensité du feu de l'ennemi se trouvait sensiblement diminuée ; un grand nombre d'embrasures étaient fortement ouvertes ; plusieurs portions de parapet étaient même enlevées. Les défenseurs, presque à découvert, n'en montraient par moins une grande ténacité ; on les voyait s'efforcer de remplacer par des affûts nouveaux ceux mis hors de service, dont le nombre s'augmentait néanmoins à chaque instant. Afin de faire taire les pièces qui restaient encore, on donna l'ordre, dans nos batteries, de réunir le feu de plusieurs de nos bouches à feu sur une seule de l'ennemi. Le général de La Hitte, allant d'une batterie à l'autre, animait les canonniers par son exemple et prescrivait toutes les dispositions que les circonstances rendaient nécessaires.

A neuf heures et demie, le feu du château se trouvait à peu près éteint et la garnison voulait fuir, mais le commandant du fort fit placer des Turcs, le sabre nu à la main, à la porte de sortie, pour s'opposer au départ des troupes. A partir de ce moment, quelques-uns de nos canons purent commencer à battre en brèche la fortification. Sur les dix heures, le tir ennemi avait totalement cessé, et la garnison du fort, évaluée à environ deux mille hommes, se retirait en toute hâte vers la ville. On donna dès lors au tir en brèche toute l'activité possible, et quelques éboulements firent bientôt présumer que la brèche pourrait être praticable avant la fin de la journée.

Les feux de tirailleurs avaient à peu près cessé des deux côtés, et l'on n'entendait plus que le bruit sourd de nos bouches à feu de siége. Il y avait à peine une demi-heure que durait cet état de choses lorsqu'on vit tout à coup un immense nuage de poussière obscurcir la lumière du soleil et que l'on entendit une épouvantable détonation répétée par de nombreux échos. Nos soldats surpris ne savent trop ce qu'ils ont à craindre en voyant les tranchées inondées d'une grêle de pierres et de débris ; ils ne peuvent se défendre d'un mouvement d'effroi. Dans le premier moment, quelques factionnaires et quelques travailleurs prennent même la fuite. La colonne de fumée qu'on voit s'élever majestueusement au-dessus du château de l'Empereur fait bientôt reconnaître que ce fort vient de sauter. On le croyait d'abord totalement anéanti, mais lorsqu'au bout d'une dizaine de minutes, la fumée se trouva dissipée, on s'aperçut que presque toute la courtine du côté nord-ouest avait été renversée, que la tour était à peu de chose près détruite et que le reste du fort avait peu souffert. Aussitôt qu'on put distinguer la fortification, les canonniers, restés à leur poste, reprirent le tir, et le feu de nos batteries rassura promptement toute l'armée ; on fit cesser bientôt ce tir devenu inutile.

La garde de tranchée prit immédiatement les armes ; une compagnie du 17e régiment, commandée par le capitaine Gauthier, se porta au pas de course sur le château ; elle fut suivie par les carabiniers du 2e régiment de marche ayant à leur tête le général Hurel. Il y avait à peine une demi-heure que l'explosion avait eu lieu et le fort était déjà occupé par nos troupes.

Nos batteries avaient à peine commencé leur feu que les troupes algériennes, campées près du fort Bab-Azzoun, s'étaient portées contre notre droite, sans doute, dans le but de faire diversion. La 3ᵉ division soutint le choc avec fermeté, et après avoir été appuyée par quatre pièces de campagne, elle reprit bientôt l'offensive. Les ennemis commençaient à battre en retraite, alors que l'explosion du fort se fit entendre; ils poussèrent aussitôt des cris d'épouvante, se débandèrent de tous côtés et ne tardèrent pas à disparaître presque entièrement. La presque totalité des contingents des provinces de Constantine et d'Oran s'éloignèrent immédiatement d'Alger.

Nos troupes, en continuant de descendre les ravins, s'avancèrent vers le fort Bab-Azzoun, contre lequel elles tirèrent quelques coups de canon qui restèrent sans réponse. Croyant le fort abandonné, quelques compagnies s'avancèrent pour s'en emparer; mais alors les défenseurs se montrèrent, et ces compagnies, n'étant pas soutenues, durent remonter les coteaux sans beaucoup de perte.

Tant dans les tranchées que dans les diverses affaires qui avaient eu lieu du 30 juin au 4 juillet, on compta environ mille hommes mis hors de combat.

On attribua, dans les premiers moments, l'explosion du château de l'Empereur à la chute de nos bombes; mais, d'après les rapports de plusieurs officiers, placés de manière à bien apercevoir tous les mouvements des Algériens, les Turcs, après avoir évacué le fort, sont revenus chercher les blessés et les morts et se sont retirés précipitamment vers la ville, près de la Porte-Neuve; un des leurs s'est alors avancé du côté du fort, une torche à la main, et l'explosion a eu lieu bientôt après. C'est donc aux Algériens que cette explosion doit être attribuée.

Quelques pièces, tant de la Casbah que du fort Bab-Azzoun, tirèrent sur le château aussitôt que nos troupes s'en furent emparées: on trouva moyen de leur répondre, soit avec des pièces du fort, soit avec des pièces de campagne. Mais bientôt le feu de l'artillerie cessa presque complétement de part et d'autre. Les travaux de tranchée n'en continuèrent pas moins leur cours.

Le général en chef s'était porté de suite au château de l'Empereur pour reconnaître l'état des choses et donner les ordres convenables. La sécurité était si grande qu'un assez grand nombre d'officiers s'y rendirent en curieux. Dans l'examen du fort, on reconnut non sans quelque étonnement que le principal magasin à poudre se trouvait encore intact. Un mortier et dix pièces de canons étaient restés à leur place. En quelques instants l'artillerie et le génie mirent le château à l'abri d'une surprise, au moyen de sacs à terre et de gabions apportés à la hâte.

XIV. — SUITE DE LA JOURNÉE DU 4 JUILLET.

La destruction si prompte et si inattendue d'un rempart sur la force duquel les défenseurs avaient tant compté, jeta la ville dans une extrême épouvante. Un grand nombre d'habitants se portèrent vers la Casbah afin d'obtenir du dey qu'il entrât en négociations avec les Français. Hussein Pacha répondit d'abord fièrement : « Aussi longtemps que mon palais sera debout, je ne traiterai point ; j'aime mieux faire sauter la Casbah et toute la ville que de me soumettre. »

Ce premier mouvement passé, le dey se décida pourtant à envoyer au général en chef son secrétaire en proposant de payer les frais de guerre à condition que les troupes n'entreraient pas en ville. La réponse du comte Bourmont fut que reddition de la Casbah et des forts était la première condition imposée. Pendant la durée de cette conférence, qui avait lieu sur les ruines du fort, un boulet passa en sifflant aux oreilles du parlementaire Mustapha, qui fort ému se laissa tomber à terre. Le général de La Hitte le relevant aussitôt lui dit en riant : « Parbleu, Monsieur, de quoi vous occupez-vous ?

Cela ne vous regarde pas, ce n'est pas sur vous que l'on tire. »

Moins d'une heure après, vers trois heures, une seconde conférence fut entamée par deux riches Maures d'Alger : elle fut encore sans résultat. Ces envoyés parlaient français et quoique venant au nom du dey, l'un d'eux dit au général que si cela lui faisait plaisir, on irait lui chercher la tête du pacha. Ils eurent beaucoup de peine à comprendre les raisons du refus du général français.

A quatre heures Mustapha revint, accompagné cette fois du consul et du vice-consul anglais, se présentant seulement comme amis du dey. Ce secrétaire venait demander des conditions écrites : voici celles qui lui furent remises et qui formèrent ensuite le texte du traité définitif.

« Le fort de la Casbah, et tous les autres forts qui dépendent d'Alger, et le port de cette ville, seront remis aux troupes françaises le 5 juillet à dix heures du matin (heure française).

« Le général en chef de l'armée française s'engage envers son S. A. le dey d'Alger à lui laisser sa liberté et la possession de toutes ses richesses personnelles.

« Le dey sera libre de se retirer avec sa famille et ses richesses dans le lieu qu'il aura fixé. Tant qu'il restera à Alger, il y sera, lui et sa famille, sous la protection du général en chef de l'armée française. Une garde garantira la sûreté de sa personne et celle de sa famille.

« Le général en chef assure à tous les soldats de la milice les mêmes avantages et la même protection.

« L'exercice de la religion mahométane restera libre : la liberté des habitants de toutes les classes, leur religion, leurs propriétés, leur commerce, leur industrie ne recevront aucune atteinte. Leurs femmes seront respectées, le général en chef en prend l'engagement sur l'honneur.

« L'échange de cette convention sera fait le 5, avant dix heures du matin. Les troupes françaises entreront aussitôt après dans la Casbah et dans les autres forts de la ville. »

Il était à craindre que les secrétaires du dey, effrayés de sa colère et tremblant pour leur vie n'osassent pas faire connaître la vérité à leur maître ; pour être assuré que son ultimatum serait fidèlement traduit à Hussein-Pacha, le général Bourmont proposa au premier interprète Bracevitz de se rendre à Alger pour en lire les conditions au dey. Bracevitz accepta courageusement cette mission, dont il appréciait si bien le péril, qu'au moment de son départ il recommanda sa famille au général. On éprouva un véritable soulagement en le voyant revenir à la nuit tombante pour rendre compte que les conditions de la capitulation seraient acceptées. Ce ne fut cependant que le 5 de grand matin que le dey, après avoir cherché vainement à obtenir un délai de vingt-quatre heures, finit par échanger la capitulation. Si dans le premier moment il avait conçu le projet de se faire sauter dans son palais et de s'ensevelir sous les débris de la ville : en voyant sa vie sauve et jusqu'à sa liberté conservée, il avait accepté sincèrement les conditions imposées avec cette résignation qu'inspire aux mahométans le dogme de la fatalité.

Dans la nuit du 4 au 5 juillet deux mille Turcs se réunirent à l'insu du dey dans une grande caserne : quelques-uns d'entre eux proposèrent de tenter une sortie et de chercher un refuge dans l'intérieur des terres. La majorité repoussa cette proposition, par la raison qu'on ne pouvait pas compter sur l'alliance des tribus qu'on avait souvent opprimées, et qu'on compromettrait ainsi la vie des femmes et des enfants et les propriétés que les Français s'étaient engagés à respecter. Si les conditions imposées eussent été trop dures, la proposition cidessus ou même quelque autre plus violente encore, n'auraitelle pas pu être accueillie par le fanatisme turc surexcité par le désespoir ?

Quelques personnes ont trouvé trop indulgente la capitulation imposée, mais lors même que les faits qui précèdent ne seraient pas une réponse péremptoire à ce reproche, pouvionsnous agir en toute rigueur après nous être annoncés non comme ennemis, mais comme libérateurs, promettant de ménager les personnes et les biens, dans les proclamations imprimées à Paris, que nous nous étions efforcés de répandre parmi les Algériens?

Les négociations entamées avec un ennemi sur la foi duquel il était si peu permis de compter, ne devaient pas ralentir les travaux d'attaque; aussi furent-ils poussés avec activité pendant la nuit. Le matin nous étions établis sur le petit mamelon des Tagarins, qui domine de très-près la Casbah.

On a vu que nous n'occupions pas les deux routes qui en partant d'Alger suivent les bords de la mer: un grand nombre d'habitants profitèrent de la liberté des passages pour abandonner la ville. Pendant toute la nuit, nous entendîmes très-distinctement le bruit sourd et continuel occasionné par cette fuite précipitée.

XV. — OCCUPATION D'ALGER.

Le 5 juillet 1830 (14e jour de la lune de mohharem, 1246e année de l'hégire), au lever du soleil, l'armée française, heureuse de son éclatant succès et oubliant toutes ses fatigues, fait avec joie les dispositions nécessaires pour la prise de possession de la ville. Le général en chef, escorté par le 6e régiment d'infanterie de ligne en grande tenue, musique en tête, et par des détachements des autres armes, devait entrer en ville par la porte Neuve et se diriger sur la Casbah. La première division devait occuper le fort des Anglais et la porte Bab-el-Oued; la seconde division, la porte Neuve et la Casbah; la troisième division, le fort Bab-Azzoun et la porte du même nom. La flotte devait en même temps s'établir dans la rade et prendre possession du port.

A neuf heures du matin, l'armée commença à se mettre en marche et tous les mouvements prescrits s'exécutèrent sans obstacle et avec régularité, à l'exception toutefois de l'escorte du général et du mouvement des troupes vers la porte Neuve. Le régiment d'infanterie qui devait former tête de colonne, tardivement commandé par l'état-major, se trouva arrêté par l'artillerie qui s'était mise en mouvement à l'heure prescrite. Les pièces de canon engagés dans un chemin profondément encaissé et dont la largeur n'était pas toujours suffisante pour le passage d'une voiture, ne pouvaient avancer qu'avec beaucoup de lenteur. On dut alors appeler les sapeurs du génie pour ouvrir à la troupe des passages au travers d'un terrain très-accidenté et coupé par de fortes haies d'aloès. Il résulta de cet état de choses une incroyable confusion et un pêle-mêle tel que le général Loverdo a pu dire : « Que cette prise de possession d'une ville conquise eut plutôt l'apparence d'une déroute. »

Un petit nombre de soldats qui s'étaient aventurés isolément furent les premiers Français qui pénétrèrent dans la ville : le général de La Hitte, à la tête de deux batteries d'artillerie, ne tarda pas à les suivre. Quelques moments après le général en chef avec son état-major et son escorte atteignirent enfin la porte Neuve et se dirigèrent sur la Casbah. Il était alors environ onze heures. Le comte de Bourmont croyait trouver le dey dans son palais, mais Hussein l'avait abandonné dès le matin et s'était établi dans une maison située au bas de la ville qui lui appartenait en propre.

Dans la journée précédente et pendant la nuit, il avait fait emporter ses effets les plus précieux. Il avait à peine quitté son palais que les Juifs et quelques Maures s'y introduisirent et commencèrent à piller les objets qui restaient encore, tandis que les esclaves du dey continuèrent à transporter les meubles qu'ils pouvaient soustraire à ceux qui avaient envahi les appartements. En voyant entrer dans la Casbah les soldats isolés qui se trouvaient en avant, les esclaves du pacha et les pillards jetèrent leurs fardeaux et s'enfuirent en toute hâte. Trèspeu après les deux batteries d'artillerie arrivèrent, suivies elles-mêmes de près par l'état-major général. Il y avait quelques effets gisant sur le sol, dans les appartements du dey et de ses femmes ; des coussins brodés d'or, des cassettes élégantes, quelques vases plus ou moins beaux, des tapis, des pantoufles de femme, quelques bijoux de peu de prix, etc. Les premiers arrivants s'en saisirent comme souvenir de la prise d'Alger et comme une médaille à montrer, plutôt que comme d'un véritable butin. Cette scène de désordre insignifiante fut qualifiée plus tard du nom de *pillage de la Casbah.*

La principale rue de la ville, et en même temps la seule horizontale, mettait en communication la porte Bab-el-Oued et la porte Bab-Azzoun ; quoique un peu plus large que les autres, elle n'en était pas moins assez resserrée pour qu'en quelques endroits il fût impossible à deux bêtes de somme de passer à la fois. C'était la rue commerçante d'Alger ; les boutiques étaient formées par des échoppes ouvertes devant chaque maison, et qui encombraient encore le passage. Les autres rues n'étaient que des ruelles étroites et inclinées se dirigeant vers la Casbah, située au sommet de la cité.

Les troupes françaises chargées d'occuper toutes les positions importantes ne pouvaient pénétrer qu'avec lenteur dans ces espèces de corridors ; elles examinaient avec autant de curiosité que d'étonnement cette ville étrange dont aucune habitation n'avait de jour extérieur, dont toutes les maisons étaient closes par de hautes murailles, et auxquelles une seule ouverture basse et presque toujours enfoncée donnait accès. Toutes les portes et les boutiques étaient fermées, et l'on apercevait à peine quelques Juifs, déjà disposés à exploiter les nouveaux arrivants.

Le général Damrémont passait, à la tête de son état-major, devant une caserne transformée en hôpital par les Algériens, lorsqu'il vit tout à coup s'avancer vers lui un jeune homme. C'était un Allemand, nommé Pfeiffer, fait prisonnier sur un vaisseau par les pirates, et retenu comme esclave à Alger depuis cinq ans. Il informa le général que s'étant fait reconnaître comme médecin, il avait été employé par le dey, et que dans ce moment il se trouvait seul à la tête de l'hôpital renfermant un millier de blessés. M. Damrémont l'accueillit de la manière la plus affectueuse et le complimenta sur son humanité. Est-il besoin d'ajouter que le service de santé s'empressa de venir à son aide ?

Un épisode plus touchant encore se passait à peu près au même moment. On sait que le 15 mai 1830, les bricks français *l'Aventure* et *le Silène*, qui faisaient partie de la station navale devant Alger, s'étant échoués sur la côte par une nuit brumeuse, une partie des équipages avait été massacrée par les Kabyles, et que la moitié environ de nos marins avaient été amenés prisonniers en ville. Mis en liberté le matin, ils s'étaient répandus dans les rues et il est impossible d'exprimer la joie peinte sur la figure de ces braves marins qui, enfermés la veille encore dans des cachots où leur vie était sans cesse menacée, se retrouvaient au milieu de leurs compatriotes. Ils sautèrent au cou des premiers Français qu'ils rencontrèrent, et soldats et officiers leur rendirent de grand cœur leur accolade.

La flotte avait pu facilement suivre de vue tous les mouvements de l'armée de terre dans la prise de possession de la ville. A midi, nos marins avaient vu disparaître le pavillon algérien du faîte de la Casbah, pour être remplacé par le drapeau français ; puis ils avaient aperçu ce drapeau successivement arboré sur tous les forts et batteries. A deux heures cinquante minutes, l'armée navale le salua de vingt et un coups de canon ; peu après le vaisseau amiral mouillait triomphalement sous les murs d'Alger.

Le général en chef n'avait pas été sitôt installé à la Casbah que l'ordre s'était rétabli sans la moindre difficulté. Le général Tholozé, nommé commandant de la place, prit immédiatement toutes les dispositions nécessaires pour organiser le service.

Au milieu des scènes tumultueuses qui avaient eu lieu avant l'arrivée du général de Bourmont, un seul homme était resté impassible dans la cour principale, assis sous la galerie, imposant, par sa présence, à ceux des Juifs et des Maures qui pillaient les menus effets, et les empêchant d'oser davantage : c'était le khaznadji (ministre des finances), le même homme qui avait si vaillamment défendu le fort l'Empereur. A l'aide des interprètes, il se mit immédiatement en rapport avec la commission, nommée à l'avance, pour la réception du trésor, et composée de MM. Denniée, intendant général ; Firino, payeur ; Tholozé, sous-chef d'état-major.

Le procès-verbal d'inventaire du trésor formule ainsi les déclarations du khaznadji :

« 1° Que le trésor de la régence est resté intact ;

« 2° Qu'il n'a jamais existé de registres constatant ni les recettes, ni les dépenses faites par le trésor ;

« 3° Que les versements de fonds s'opéraient sans qu'aucun acte en constatât l'objet ou l'importance ;

« 4° Que les monnaies d'or étaient entassées pêle-mêle, sans acception de valeur, de titre ni d'origine ;

« 5° Que les sorties de fonds ne s'opéraient jamais que sur une décision du divan et que le dey lui-même ne pouvait pénétrer dans le trésor qu'accompagné du khaznadji. »

A la suite de ces déclarations, la commission, ayant fait ouvrir le trésor et en ayant fait la reconnaissance, termine ainsi son procès-verbal :

« La commission, après s'être assurée qu'il n'y avait pas d'autre issue que la porte principale, referma toutes les portes soigneusement, y apposa de triples scellés, et fit placer, dans la galerie, un poste permanent de gendarmerie commandé par un officier. »

Le montant du trésor est fixé, par M. Denniée, à 48,685,527 fr. 94 c. ; on trouva, en outre, dans les magasins de la régence, pour plusieurs centaines de mille francs de laine, de cire et d'autres objets.

Le même esprit de modération et de ménagement, qui avait dicté la capitulation, présida aussi à l'occupation de la ville. Il est à remarquer, à l'honneur de l'armée française, qu'il n'avait été pris, par l'autorité algérienne, aucune disposition pour la remise de la place : les miliciens célibataires s'étaient retirés dans leurs casernes ; ceux qui étaient mariés avaient cherché asile dans leurs familles ; sur aucun point il n'avait été laissé de poste de sûreté. Malgré ce défaut absolu de précaution, aucun excès ne fut commis, et jamais ville européenne n'avait été occupée d'une manière plus douce et avec un ordre plus parfait. Pas un seul officier, pas un soldat n'a franchi le seuil de la demeure d'un Turc, d'un Maure ou d'un Juif. Quelques sentinelles ou même de simples consignes écrites suffirent pour fermer à tous l'entrée des mosquées.

Les mœurs et les préjugés des musulmans opposaient un obstacle invincible à tout logement militaire dans les maisons particulières ; mais on compta trop sur la douceur du climat et l'on ne se préoccupa pas suffisamment de loger les troupes et de les abriter d'une manière convenable. L'installation de l'armée, après la prise de possession de la ville, laissà beaucoup à désirer ; les troupes furent laissées pour la plupart campées en plein air autour de la ville, alors qu'un grand nombre de bâtiments et de magasins appartenant à la régence restaient inoccupés ou encombrés d'objets peu utiles.

Tous les approvisionnements nécessaires à la subsistance de l'armée avaient été déposés à Sidi-el-Ferruch ; il fallait par conséquent les rembarquer pour les transporter à Alger. Cette pénible corvée, n'ayant plus pour excitant les dangers de la guerre, ne fut exécutée par la marine qu'avec une grande lenteur. Plus de vingt jours encore après l'entrée en ville, il fallut tirer de ce dépôt, au moyen des transports de l'armée et par la route militaire, farine, vin, légumes, foin, avoine pour la consommation journalière de 30,000 hommes et de 3,400 chevaux. Il en résulta pour les troupes beaucoup de fatigue et un ennui d'autant plus profond que la nécessité d'un assez grand nombre de ces inconvénients n'était pas bien comprise. La nostalgie et les maladies qui en sont la suite firent donc de grands ravages dans l'armée. Depuis le 25 juin jusqu'au 10 août, 9,000 hommes durent être admis dans les hôpitaux, sans compter ceux, en assez grand nombre, traités dans les infirmeries régimentaires.

Enfin le défaut absolu d'avancement ou de récompenses honorifiques ne pouvait manquer d'être une grande cause de découragement pour l'armée. On sait qu'il résulta de cet inconcevable état de choses ce fait assez singulier que les premiers sous-lieutenants nommés en Afrique n'avaient pas assisté à la prise d'Alger, mais étaient simplement venus de France à la suite du maréchal Clausel.

Puisqu'on mentionne ce fait, il convient aussi de dire que chargé de donner son avis sur les propositions d'avancement faites par son prédécesseur, le maréchal écrivit qu'elles lui paraissaient consciencieuses et qu'il croyait de son devoir de les renouveler.

Comme dernière circonstance remarquable, on permettra de rappeler que le vainqueur d'Alger dut quitter le pays qu'il venait de donner à la France, presque en fugitif, sur un bâtiment portant un pavillon étranger, l'amiral ne s'étant pas cru autorisé à mettre un navire français à sa disposition.

TABLE DES MATIÈRES